財務

21 天 改 造 計 畫

自由

馬 上 行 動 毫 無 壓 力 的 輕 鬆 理 財 計 畫

SIMPLE MONEY, RICH LIFE

ACHIEVE TRUE FINANCIAL FREEDOM AND DESIGN A LIFE OF ETERNAL IMPACT

BOB LOTICH

鮑勃 · 羅帝齊 ————— 著

牛世竣 ————— 譯

名人盛讚

鮑勃‧羅帝齊言出必行。在《財務自由21天改造計畫》一書中，他分享了他個人所採用的所有技巧、訣竅和策略，讓他克服了四十萬美元債務，並實現捐贈一百萬美元的慷慨目標。他的故事令人驚嘆，但並不是只有他能做到！這本書告訴你要在信仰中，勇敢邁出重要的步伐，同時也充滿了實用可行的建議，幫助你實現自己的財務目標。

——馬克‧貝特森，《紐約時報》暢銷書《Win the Day》作者

鮑勃獨具天賦，能夠將大多數人覺得困擾的主題（金錢）變得簡單易懂。如果這還不夠獨特，他（在琳達的幫助下）以優雅的方式傳達教誨，用非評判性的口吻讓你溫和地受到挑戰，激發出對財務的熱情和靈感。

——卡洛斯‧惠特克，《Enter Wild》作者

有些書對人很有幫助；而有些書，則能完全改變你的生活。《財務自由21天改造計畫》屬於後者。鮑勃‧羅帝齊將一步步引導你走過實現真正財務自由。購買它，閱讀它，應用它。

——查克‧班特利，冠冕真道理財協會首席執行長

你是否感到沮喪，覺得自己在財務方面總是處於落後的狀態，每當你取得一些進展時，就會有另一個緊急事件讓你再次倒退？即使銀行帳戶是空的、帳單堆積如山、債務和微薄的薪水壓力不斷；《財務自由21天改造計畫》將啟發和鼓勵你，告訴你仍然有希望。更重要的是，這本書將教你的不僅僅是如何生存，而是讓你茁壯成長，最終在他人的生活中也能產生影響！

——克里斯塔爾·佩恩，《紐約時報》暢銷書作者，
moneysavingmom.com 網站創辦人

比起剝奪生活樂趣，我更相信洞察力和自律，所以我從未對那些宣揚極度節儉的書籍感興趣。《財務自由21天改造計畫》淺顯易懂，充滿了聖經的啟示、永恆的智慧、新鮮的策略和技巧，這些都可以幫助你創造出真正豐盛的生活。

——帕特里斯·華盛頓，《Redefining Wealth》Podcast獲獎主持人

鮑勃在其他財務專家失敗的地方成功了：他不僅告訴你該做什麼，而且還告訴你如何具體去做。而且他在這一切中都以耶穌和福音為中心。強烈推薦！

——喬丹·雷納，《Redeeming Your Time》暢銷書作者

這本書含金量超高！有效的財務管理有時可能讓人感到困擾，但這本書在原則、實用的策略和靈感之間達到了完美的平衡，並提供可立即應用的行動步驟。

——露絲·索庫普，紐約時報暢銷書《Living Well Spending》作者

鮑勃和琳達用與大多數人完全不同的視角，看待金錢和奉獻。我非常欽佩他們。他們以真實、深厚的智慧，推動上帝的國度的心志深深地激勵著我們。這本書邀請並指引你實現一種你從未夢想過的財務生活。

——約書亞・貝克，Becoming Minimalis 網站創始人
兼《極簡主義家園》作者

在書中你將找到一份藍圖，讓你從勉強維生，轉變成能在財務上蓬勃發展。你將學到實用的智慧，推動你行動，並體驗到適當的財務管理所帶來的平靜。

——塔拉特・麥克尼利，His and Her Money 公司老闆

我親身實踐了這本書。如果你對於關於金錢、儲蓄和奉獻的眾多教導感到厭倦，或者認為你已經聽過所有的了，鮑勃・羅帝齊將給你帶來驚喜。《財務自由21天改造計畫》鮮活、不可預測、實用，甚至有創業精神，這是一本你會為自己閱讀並實踐而感到高興的書籍。

——凱瑞・尼爾霍夫，暢銷書《At Your Best》作者

在《財務自由21天改造計畫》一書中，鮑勃和琳達精準分享了如何快速掌控你的財務，並揭示了一種全新的管理方法。他們的教學風格易於理解，不會讓你為過去的錯誤內疚，並且將激勵和增強你的信仰，使你真正能夠過上富足的生活。

——亞歷克斯・西利，《The Opposite Life》作者

理財很難。賺錢、管理錢、支付帳單、確保帳戶餘額足夠，並在過程中不會瘋掉——這真的很難！想知道如何讓它變得簡單嗎？找一個在這方面取得成功的人，並願意一步一步教你，陪著你走。沒有評判，沒有內疚，只有簡單易懂的課程，能夠豐富你的心靈和靈魂，帶來無比的喜悅。鮑勃·羅帝齊做到了這一切（而且他有自己的故事！），他將其總結為一個簡單的四部曲計畫。你手中握著的是一個絕妙的機會，可以讓你的金錢變得簡單，讓你的生活變得豐盛。

——瑪麗·杭特，《Debt-Proof Living》作者

目錄

作者序

　　如果你和我一樣，當你開始讀一本新書時，可能就會對作者有點好奇。會想知道他長什麼樣子，是否有奇怪的口音，他是愛狗派還是愛貓派。

　　在過去的十五年裡，我一直是一名全職部落格的作者、Podcast主持人、seedtime.com上的理財教練，也許你曾聽過我，也可能已經對我了解夠多。

　　但如果你對我還很陌生，請拿起你的手機，參訪seedtime.com網站，觀看我和我妻子琳達的短片。我們很樂意在一起開始這個旅程時給你一個想像中的擊掌。

　　無論如何，當你閱讀時，請知道琳達和我一直在為你祈禱。你手中握著這本書並非偶然。無論你目前處於財務的巔峰或低谷，請知道上帝在你身上，透過你將有更多工作要完成。

　　所以，請隨意找個舒適的座位，和你最喜歡的動物相伴，拿杯你最喜歡的飲品，我們開始吧！

為你加油

鮑勃・羅帝齊

緒論

在二〇〇二年三月五日那天，也就是我二十一歲生日的前一天。我剛離開海灘，開著敞篷車，沿著佛羅里達州一條繁忙的道路行駛，來到一個小聯盟棒球場前。我剛領薪水，當時氣溫華氏七十五度（約攝氏二十四度），陽光明媚，我兩個最好的朋友飛過來要幫我慶生。表面上看來，我過著夢想般的生活，但實際上它掩蓋了我真實的財務狀況。那時我汽車在路上熄火。事發突然，甚至沒時間把車子停在路肩。我閃著警示燈，希望後面的車不要追撞過來。我試著重新點火，大約嘗試八次後，我放棄了。

沒有人可以求助。我認識的每個人都遠在千里之外。何況，諾基亞手機裡面可沒有Uber應用程式，它最大的作用是玩貪食蛇。

我環顧四周，看到棒球場有一個人在指揮汽車進出停車場。我走過去問他，能不能幫我把車推到路邊。他拒絕了。沒關係，我心想，這裡有數百輛汽車駛過，應該會有人願意停下來幫忙。但結果半個人都沒有。酷。

為了保持我的男性自尊，我裝得很酷，表現得好像一切都在掌控之中。不要管我，我就在這條繁忙的街道中間，尷尬地一隻手推著車，另一隻手打方向盤。

最後，我終於把車推到路肩上，爬進車內。絕望在心裡蔓

延，我心中百感交集，仔細思考了可能發生的事情——我意識到自己生活中的財務基本上就是一個處在暴風中的紙牌屋。我終於無法繼續掩飾自己的財務困境。

我當時正要去銀行把薪水領出來，用以支付房租，而房租交付期限只剩下三小時。要是遲交，房東會加收五十美元。而我的薪水僅夠付房租，無法負擔多出來的五十美元。我沒有存款，帳戶裡只有七美元。我靠的是信用卡剩下兩百六十四美元的額度在過日子。

我那輛破車的交流發電機（價值六十美元）的故障，引發了財務危機。想不到月光族的美好日子，會這麼毫無預警地瞬間結束。

我強忍著淚水，緊緊抓住方向盤，恐懼籠罩著我。我對下一步該如何行動一無所知。

汽車不斷駛過時，我好希望得到一點幫助，一個擁抱，或者有人告訴我一切都會好起來的。我很丟臉、尷尬和完全孤獨。

就算在那當下，我甚至沒有想過接下來的幾週或幾個月將如何生存。或者說，我的財務狀況急轉直下，而我只能關注當前危機。

我本來生活不是這樣的。我從小就想成為一名會計師（是的，就是有像我這樣的怪人存在）。我曾在一家銀行工作，自認對金錢瞭若指掌。那為什麼我會在路中間拋錨，還得絞盡腦汁想著怎麼在租金繳費到期前，能把我車子拖走並修理好？

事實是，我們都從錯誤的來源，學到有關金錢的一切。我甚至沒有想到要邀請上帝進入我的生命，因此我現在只能面對這個

糟糕的局面。

我以為關於錢的問題，答案永遠是更多的錢。但我實際上並不需要更多的錢（儘管當時沒有人能說服我）。我需要學習的是，怎麼更好地管理自己所得到的一切。

我坐在那輛拋錨的敞篷車裡，雙手抱著頭，哭著呼喊上帝，祈禱能想到什麼方法。我當時就決定，無論付出什麼代價，我都必須結束這財務危機。

如果上帝安排我走另一條路，我必跟隨。

我們都從錯誤的來源，學到有關金錢的一切

我曾認為，自己的財務危機是因為運氣不好。當然，我們的際遇都不一樣。有的人需要克服的困難更大。而我相當幸運，位於中產階級的位置，但我仍打爛了一手好牌。

為什麼會這樣？

我一開始覺得，是因為有太多困難在挑戰我們。

雖然我喜歡學習草書書寫，以及了解杜威十進位圖書分類法。但我覺得賺錢、存錢、理財，對所有人來講，更是至關重要的學習項目；就像我們在學校裡其他學科一樣重要。但我們大多數人幾乎沒有接受過財務教育。

這方面的教育缺乏造成了一個真空，然後它以某種方式被填補。我們都從錯誤的地方學到對金錢的知識。我們對金錢的大多數信念來自那些沒有資格教我們金錢的人：立意良好的（但破產的）朋友和家人、名人、Instagram的網紅和信用卡公司等等。

即使他們不算是明確在教導我們金錢知識，但他們的影響力也成了大多數人的金錢觀。

有的人會透過閱讀書籍來尋求財務教育；但事實上，書店裡充斥著錯誤的理財方法，並已經在世界上推廣開來。許多方法未見成效，而那些有效的方法，則是讓你在錯誤的方向上取得成功。難怪我們總認為，要在財務上成功相當複雜，或者覺得真正的財務自由是不可能實現的。

就像我一樣，現在開著故障的敞篷車，走到了生活的盡頭一樣；許多人最後也都會面臨堆積如山的過期帳單，等待著發薪日的到來。我們無法有足夠的儲蓄，每天都忙得像狗一樣，沒有放鬆的時候，就為了支付帳單，勉強自己做不滿意的工作。我們和配偶不斷為了錢而爭吵，就為了能維持生活。

最重要的是，我們中的許多人都因沒有管理好金錢而感到內疚和羞愧，但這可能不是我們的錯。

這個世界對待金錢的方式害了我們。是時候採取新的方法了。

簡單的公式

這公式來自約翰・衛斯理，他是十八世紀英國聖公會的神學家，我從他的著作中發現：

> 我以不傷害靈魂和肉體的方式（也就是透過寫作），盡我所能獲得最多；即便是一張紙，一杯水，盡

我所能地節約……不追求在世間留下過多財富，盡我所能地付出；免於誘惑，免於勞碌，盡我所能地奉獻[1]。

過去十五年，我一直遵循《聖經》和衛斯理著作中對金錢的說法，它們是本書四部分的靈感來源。

　　盡你所能地賺；盡你所能地省；盡你所能地付出；盡你所能地享受。

當琳達把我從《聖經》中啟發的公式，應用於我們財務時，我們看到了一個又一個的奇蹟。我們的世界很快有以下的改變：

- 我們在財務方面達成前所未有的一致性。
- 我在工作上很有成就感，而且具體報酬相當高。
- 自從成年後，我們第一次不再為金錢感到壓力。
- 我們的儲蓄帳戶開始累積，而且開始投資未來。
- 我們在三十一歲之前就還清所有債務，包括信用卡、汽車貸款、學生貸款，甚至房貸。
- 我們從來沒有想過自己能付出這麼多，而且還成為生活中最熱衷的事之一。

簡而言之，我的財務狀況蒸蒸日上。而且不是因為收入的關係。收入有時多有時少，生活中總有起伏，但我們都能夠持續茁壯成長。

說不定，享受富足的財富生活，其實比你想像中的要簡單？

戰術、策略和原則

這個公式並不是只靠錢而已，這是我研究十五年找到的最好方法。雖然我一定會分享我個人喜歡的戰術和策略，但這本書主要在談永恆不變的原則。不管你面臨的經濟困難是什麼，你此後餘生都可以依靠這些原則行事。

而以下是一切的基本：本書的四個部分需要協同合作。真正的力量就在於它們共同發生作用的時候。只進行一部分會比同時努力的效果弱得多。

當你或是我盡自己的本分時，上帝就會出現。不意外，祂的角色才是最重要的。而本書主要內容，就是在說明我們怎麼進入上帝的照顧中，這樣祂便能照看我們。

這本書不是什麼

為了不要讓大家產生混淆，我們先弄清楚這本書不是什麼。

1. 這本書不是教你操弄上帝，好讓自己變得富有

如果是為了得到財富才相信上帝，就像為了錢而結婚一樣。這種關係只是虛有其表。耶穌才是真正的獎賞，上帝太愛我們了，會把最好的給我們。當然，就像任何一位好父親一樣，上帝會賜福給祂的子民，但為了追求上帝賜予的物質財富，而不是追

隨上帝，這是錯的。耶穌永遠是我們最好的禮物和寶藏，遠比任何財富祝福更重要。

2. 這本書不是在寫有關金錢的神學論述

這本書不是神學論文；而是操作手冊。我們會探討聖經中有關財務的觀念，也會為您提供實用又易於理解的建議和工具。但我的目標，是把金錢的概念，和《聖經》中永恆的原則聯繫起來，然後把它轉換成一個可操作的計畫。

3. 這本書不是要大家集體自責

很多金融理財書會利用內疚來讓我們採取行動。這本書不是如此，我不是不知人間疾苦的信託基金受益人。我經歷過挑戰，也曾在財務中掙扎。我對自己的理財方式感到愧疚，深深傷害了我，我不需要再多加指責。你不會在書中發現類似的東西。琳達和我會用溫和的方式，開拓你對金錢的觀念，並鼓勵你相信永不敗的上帝。請把我們當作好朋友，是來幫助你成為最好的自己。

4. 這不是要你在生活中什麼都不要享受的書

在財務上，很多人都為了保持平衡而掙扎。我見過只為此刻而活，花光每一分錢的人；也見過害怕未來，而把每一分錢都存下來的人。這很容易落入極端而錯失良機。這本書會討論這兩種情況的問題，幫助我們更好地在財務上保持平衡，可以享受當下，也享受未來，並且在前往我們永恆的目的地途中，享受付出的過程。

5. 這本書的方法並非放諸四海皆準

你可能經濟狀況很好，也可能破產；也許你的收入像陽光一樣源源不絕且穩定；也可能你從來就沒有穩定收入；可能才剛學會怎麼控制自己的支出；你也可能正在面臨一場不是自己造成的危機，不會有放諸四海皆準的理財方法。我向你保證，必然會出現不適合你的方法，這是談論金錢時無法避免的。但我們會談論背後普遍的原則，因此如果某個策略無用武之地，那你只需要關注它背後的原則就好。

這本書是什麼

說完這些，讓我們來談談這本書是什麼：一個能幫助你過上真正富有生活的簡單框架，並且能產生永恆的影響。雖然書裡的原則會幫助你獲得更多金錢，但我們對富足的定義不僅止於此。它代表一種有意義的生活，無比的和平，這種生活不會受任何人的奴役，可以自由地服從上帝的領導，並從你福杯滿溢的生命中慷慨地付出。

不管你目前收入如何，如果你想體驗真正富足的生活，那這本書會告訴你該怎麼做。你會需要摒棄舊的思維模式，並改變一些舊的習慣。但堅持下去，你會享受到這個過程。

這本書是如何編排的

《財務自由21天改造計畫》會分為四個不同的部分。雖然

四個部分是為了協作而設計的，但你可以隨意跳著看，也可以從頭到尾依序閱讀。

第一部分：盡你所能地省

這部分會提供你難以想像的實用技巧和建議，能幫助你重新規劃花錢的方式，每個月你會多出數百美元的資金。你會花錢花得更聰明，並在此後也能更好地管理金錢。我們會從儲蓄開始談，因為在你開始賺更多錢之前，掌握這一基礎概念十分重要。

第二部分：盡你所能地賺

不管你是雇員、自由業者、家庭主婦、企業主還是屬於其他情況。這部分會提高你的潛在收入。而且並非用以往效果不彰又不能長久的快速致富策略。相對地，我們會在研究這數位化的年代怎麼賺更多錢。

第三部分：盡你所能地付出

這部分會幫你進入全新的視角。一開始並不是要你付出更多，而是從不同的角度付出。你可以把奉獻和付出的義務，當成是上帝正在邀請你進入充滿冒險的生活之中。我還會提供你實用的策略，讓你在慷慨的付出中有所成長。

第四部分：盡你所能地享受

就算身處在困難之中，也仍然可以賺錢、儲蓄、給予付出，當然也可以盡情享受。琳達和我把這部分視為對神的尊敬，這也

是一種祝福。這一部分會討論我們如何享受經濟生活的每一刻，就算是最困難的時刻也不例外。

二十一天的啟動計畫

　　每個部分的結尾都會有五個挑戰，讓你應用所學到的知識。最後作為結尾的挑戰非常重要。你可以每天進行一個挑戰，也可以在一天內完成五個。你可以選擇自己的冒險，這些挑戰是把書中一些重要的概念，分成簡單的步驟來實踐。

> **洞悉小語**
>
> 請訪問 seedtime.com/bonus，註冊每日提醒以保持挑戰進度。您可以將此頁面加入瀏覽器書籤，因為它包含了本書中分享的全部有用工具和資源。

　　最重要的是，對大多數的實用書來講，真正的影響並不是來自閱讀，而是閱讀之後有所行動。所以不要光是讀，如果想要有所變化，就得採取行動，聽起來很不錯對嗎？❶

---

❶ 來個捍衛戰士風格的擊掌吧。

琳達會跟我們一起參與

　　我都跟別人說，我是高績效的理財導師，而妻子是高效率的花錢專家。我們就像大多數的夫婦一樣，在理財觀念不見得完全一致。所以我可愛的妻子琳達會像這樣，在書中不時插入她的意見：

琳達：大家好，很高興認識你們！你們應該可以從書中的介紹看出來，我比他有趣多了！我來這裡，是確保這本書不會像你以前看過的理財書那樣無聊。如果你已經結婚，你可以把我當成你另一半內心心聲，也或者是你自己心裡的想法。不管怎樣，我會時不時跳出來說個幾句話，鼓勵你，分享身為一個朋友（同時也是專業敗家人士）的觀點，並提醒我們不要對這些事情太過認真。

鮑勃 & 琳達

PHOTO © JOSLAH DAMERY

我們都在旅途中

我研究聖經經文裡有關金錢的概念超過十五年，尋找了每一個掌握財務的使用策略。多虧網路以及上帝的恩典，我有幸可以跟五千萬以上的 SeedTime 讀者、Podcast 聽眾以及學生分享理財技巧、預算技巧、投資策略。我也有榮幸成為理財教練®，以及個人財務教育認證的教育者，我很自豪能自稱是一位理財迷。

但是即便擁有這些經歷，我消費有時仍會粗心大意，和你一樣，我也在成長的路上，這是一個在金錢上不斷學習並成長的旅程，並且能更好理解上帝是怎麼透過聖經向我們傳達訊息的。

那麼，就想像我們正在喝咖啡，我不是你的理財顧問，也不是試圖要給你忠告的牧師。把我當一個朋友，在分享各式各樣的策略跟技巧，學習怎麼讓上帝幫助我們大大改善財務生活以及 SeedTime 社區朋友們的人生。

讓我們一起祈禱，並邀請上帝加入這段旅程，衷心期待祂的出現。

準備好了嗎？我們開始吧。

第一部分

盡你所能地省

如果你想變得富有，除了想到賺錢之外，
也得考慮節約。

——班傑明·富蘭克林

凌晨三點，我抱著我們剛出生的寶寶走進昏暗的臥室，發現琳達蜷縮在地板上哭泣。我扶她起來，她靠在我肩上，流著淚說：「我不能再這樣下去。」

一個禮拜前她生下了我們第三個孩子，正處於生產完睡眠不足的階段，我們之前也經歷過，但這次有點不一樣。

幾個禮拜前她開始長疹子，從腹部開始一直蔓延到手臂和腿，她癢到每天只能睡一兩個小時，唯有泡冷水澡可以稍微緩解。為了減輕不適，她每天會洗十到十五次澡。

我打電話給醫生，花了好幾個小時在網路上研究，並買了亞馬遜和沃爾格林出售的所有乳膏、藥片，還有各類產品。我們找了皮膚科醫生、自然療法，甚至試過頂級的「專家」（也就是facebook）提出的每一個建議，但都沒有效。

這樣的日子持續了很多天，我們還得照顧一個新生兒和兩個小孩，已經嚴重睡眠不足，琳達甚至開始出現幻覺。我很想解除我妻子的痛苦。但是不管我怎麼努力，都沒有效。半夜，在我們一反常態的凌亂臥室裡，我無助地抱著我親愛的妻子。

我們都希望情況會慢慢變好。但到了下星期，依然沒有好轉，反而越來越嚴重，我們很緊張。就這樣過去了好幾個禮拜。

一個月後，琳達打電話給她的婦產科醫生。他剛好也是琳達的朋友，很了解琳達的狀況。那天早上，我們費了九牛二虎之力

安頓好孩子，此時上帝介入了。在談話中，婦產科醫生想起琳達多年前，對某一種藥物有過敏反應。她整個懷孕期間一直在服用那個藥，也沒有過敏反應出現。但是那位醫生朋友說，懷孕有時候會抑制這些過敏反應。現在琳達已經生完孩子，可能這種過敏反應又再次出現。

我們嘗試過很多別人建議的東西，這痛苦的幾個禮拜裡曾多次抱有希望，但每次都是無功而返。我們被搞得心力交瘁，琳達甚至不確定是否還要繼續試下去。很可能依然不會有什麼結果，就像前面幾十次的失敗一樣。

但我說服了琳達暫停服藥一個禮拜看看結果如何。結果不到一天，搔癢開始消退，她很快就像一個剛生產完的母親一樣，正常睡覺。

琳達：我從來沒想到剛生完小孩，也能夠睡得這麼舒服！

我們什麼都試過了，但一無所獲。但自從上帝啟發那段記憶後，我們找到了解決方案。

有時你嘗試了一次又一次都沒成功。挫敗感油然而生，而且覺得不管怎麼做都不會成功。但事實上，你就像拿著二十五把鑰匙的鎖圈，裡面只有一把才能開門。

而你嘗試了十次、十五次、二十次都沒成功。但這些都不重要，只要有那一把可以打開門的就行了，當你找到正確的鑰匙時，一切就會開始改變。

財務陷入困難

你的財務狀況是否也曾有這麼糟的感覺過？也許你試過各種預算、理財專家幫你規劃的還債計畫，但都沒有用。也許你已經把自己搞得精疲力盡，幾乎放棄；並且還讓自己相信，不可能有更好的方法，不然你早就發現了。

我知道這種被困在黑暗裡的感覺，在絕望中沉淪，好像永遠無法走出來。我曾經經歷過，然後我發現，一個看似微小的變化，只要找到那把鑰匙，世界就會永遠改變。

在這部分中，我會分享許多受到上帝啟發的簡單想法，這些會幫助我們開拓事業。就像琳達想要擺脫皮疹時所嘗試過的各種藥物、各種保養用品，以及各種偏方，最後終於找到一個方法讓生活變得不同。

公式的第一部分：
盡你所能地省

我需要先聲明，當我說「盡你所能地省」時，不光是要你把錢存到儲蓄帳戶裡。更重要的是要減少開支，從你消費習慣中省錢，就會變相增加你的收入。

大多數人都傾向覺得，錢不夠用是因為收入太少。對某些人而言，可能真的是如此。但我發現西方世界有很多人不需要賺大錢就能夠感到富有。那是因為他在意想不到的地方找出了隱藏財富。

你現在腦子裡可能會想到兩件事：

1. 這些錢是從哪來的？我這麼小心地過日子，不可能會有什麼隱藏財富。（堅持看下去，我們會找到的。）

2. 噢，不，又要教我怎麼精打細算地節儉了。（別擔心，我不是那種人，這也不是那種書。）

我希望不用大幅改變目前生活，但依然會有顯著成效。我不想像乞丐一樣生活，而好消息是，我們的確不需要如此。我對這方面有很深入的研究，熱衷於找出最有效果的方法。你可能會發現光這一章節就已經值回票價。

我們會討論更多新的想法，所以要保持開放的心態嘗試新鮮事物。在第一部結束時，我相信你在財務上將會獲得重大的進展。

第一章

勝敗在祂，
但你必須出現

　　過去幾年裡，我辦公室牆上貼著簡短的一句話，不斷提醒我，上帝才是我挑戰中的真正主角：

勝敗在於祂。

　　大約三千年前，猶大和他的子民面臨三支獨立軍隊攻打❷。他們人數遠遠不敵對方，並發現自己難以抵抗。「我們無力抵擋這來攻擊我們的大軍，我們也不知道怎樣行，我們的眼目單仰望你。」[1] 又知道他們無法獨自贏得這場戰鬥，於是他們求助於上帝。

　　然後，先知雅哈悉站起來說：「猶大眾人、耶路撒冷的居民，和約沙法王，你們請聽。耶和華對你們如此說：『不要因這大軍恐懼驚惶；因為勝敗不在乎你們，乃在乎神。』」

---

❷ 這是聖經裡我最喜歡的故事之一，請看《歷代志下》20：12，注意，這裡上帝不光是解決他們問題，而且還給他們巨大的賜福，要是他們沒有出現，就會錯過這個機會。

他又繼續說道：「明天你們要出兵對抗，但你們不需要打這場戰，只需要站在原地，看著上帝降下奇蹟，不要害怕，不要灰心，明天去面對他們，上帝必與你們同在。」[2]

聽懂了嗎？上帝要求猶大的軍隊到戰場上，如果上帝要幫他們贏得勝利，那麼為什麼他們不能舒舒服服又安全地躲在城牆裡呢？

是的，這場戰鬥是主的，但是他們也必須出現。你的財務狀況同樣如此，勝敗在於上帝，但你必須出場。

讓祂來幫你處理你的財務

我親身體會到，看著大量債務入不敷出，覺得自己無法突破困難時，有多麼令人氣餒。

我記得當時堆積如山的債務，心裡想著永遠無法還清。然後把它和自己微薄的薪資做了比較，內心感到絕望。月底我只剩下五十美元，想要擺脫負債，至少需要三十年的時間。

但事情是這樣的，上帝會把人們從奴役中解放出來，我知道這本來指的是罪惡感的束縛，但我相信也包括經濟上的束縛，尤其是負債。

讓我和你分享一個秘密，想知道我從 SeedTime 社區聽到的最重要的見證是什麼嗎？大致是這樣的：

我們背負超巨～額債務。當我們審視收入時，要等到還清的那一天根本需要超級～久。我們很沮喪，感覺

努不努力都沒差。但我們祈禱，並且感覺上帝的引導，教我們去做一件我們認為毫無幫助又非常傳統的事情。但我們決定服從祂的領導。正如我們所做的那樣，我們看到債務的償還速度比想像的要快得多。我們毫不懷疑這是上帝所為。

這也是我們的故事。當我們採取措施，並相信神會做祂的工作，我們經歷了奇蹟，看著我們的債務高山在大約三年內消失。

無論你的財務挑戰有多大，這場戰鬥都不是你的。這場戰鬥是主的。但你必須現身。不要錯誤地以為，因為這是祂的戰鬥，所以祂不會要求你做什麼。在你看到奇蹟之前，會有一些事情要做：

● 在上帝拯救約沙法和猶大之前，他們不得不到前線去，對抗一支強大的軍隊。
● 摩西也不得不走到紅海，在紅海之前伸出他的手杖，紅海才會分開。
● 門徒們必須親自分發食物，然後才能將食物倍增以餵養五千人。

如果他們沒有按照信仰行事，你認為這些奇蹟會發生嗎？

上帝比我們面臨的任何財務問題都重要，但我們必須願意帶著信仰走出去，才能看到奇蹟。通常，「信仰」是允許上帝行超自然之力的必然步驟。

如何跑贏戰車

我曾經聽牧師克里斯‧德索佈道的內容，對一句易被忽視的詩句，有著精闢的評論。在《列王記》中，我們看到以利亞做了一些非常瘋狂的事情：「上主賜給以利亞一股奇異的力量，他就把斗篷束進腰帶裡，跑在亞哈的馬車前頭，一路奔到耶斯列城門口。」[3]

以利亞跑贏了一輛戰車，但在他開始之前就把斗篷塞好了。如果上帝給了他超自然的速度，但他一路上都被斗篷絆倒了，那可能就跑不過戰車了。

以利亞本能地採取了這些步驟，這樣上帝給予的超自然力量就不會受到阻礙。

> 當我們在禱告中謙卑地求神降下神蹟時，我們為奇蹟打開了大門。

上帝要讓你的財務生活中發生神蹟。那麼你該採取什麼措施，能讓神蹟發生，不受阻礙？約沙法國王和他的軍隊不得不向前線進軍，才能看到奇蹟❶。當我們順應天性邁出步伐，祈禱上帝降下奇蹟時，我們要為奇蹟打開大門。

這本書中列出的具體方法，會不會讓上帝在你生活中降下奇蹟？

---

❶ 有趣的是，約沙法和軍隊一開始祈禱時就獲得了回應。

琳達：就我記憶中，當我順應一切時，會得到最大的進展，這是為了不要阻礙上帝，讓祂行使超自然的神蹟。當我們做好分內的事，會看到山有多高，根本不可能在沒有神的幫助下攀登，同樣，這也讓我們很這清楚地知道，誰才是真正值得擁有所有榮耀的一方。而且，回溯至上帝也會變得容易，因為當你看到奇蹟時，你一定會分享給其他人！所以，出現在你的戰場，盡你的力量，觀看上帝的奇蹟。

在本書的其餘部分，我會列出一些簡單的步驟，這些步驟是為了讓上帝在我們的生活中降下神蹟時騰出空間。首先是確定你的「受管理的資產」（Assets Under Management, AUM）。

第二章

第二個重要指標：
受管理的資產（AUM）❹

　　也許你曾想過要開始一個減肥計畫，那你第一步一定是站上體重機。為什麼？因為你想看看自己的起點在哪，才能夠日後衡量，不是嗎？

　　然後你會像大多數人一樣，每個禮拜或是每天踩在體重計上。為什麼？因為你想看自己是否有進步，對嗎？想知道努力是否有所成效。

　　我們知道持續追蹤對減肥的重要性，但不知為何，卻不知道它也適用在財務狀況上。你不可能要執行減掉十公斤的目標計畫，但卻用運動褲的鬆緊當成你的衡量方式。當然，它也的確是個指標，和你的目標方向是一致的，但它實在太不精準了。

　　談到錢時，大多數人都用錯誤的指標來追蹤財務狀況，而且搞不清楚自己為什麼沒有達到目的。如果你只看事情表面，那就永遠不會看到全貌。如果你只看以下任一項，那麼你看到的只會是局部狀況：

---

❹ 對，我沒有從第一個指標開始，我把它放在第三部分，這樣可以釣住你的好奇心。

- 月底時感覺手頭很緊
- 帳戶餘額
- 信用卡餘額

　　每一種都是衡量指標，但對財務描述都不夠完整。幸好，我們的確有更好的指標。就減肥而言，需要一個體重計；在理財上，它就是我說的「受管理的資產」（AUM）。

洞悉小語

大多數人認為擁有高收入意味著在經濟方面有很好的表現，但往往並非真的如此。相對地，有些人認為低薪意味著在經濟上註定失敗，而這也絕對不是真的。

　　「AUM」是一個代表你財務狀況的一個數字，會讓你知道自己財務狀況如何，而不是你「希望」它是如何。許多理財專家喜歡稱它為「淨資產」，而我則更喜歡稱它為「受管理的資產」，主要是因為兩個原因：

　　一、這會幫助我保持對金錢和財產的正確看法。尤其是，它們實際上並不是我的。是上帝在短時間內託付給我的東西。我是管理者（或管家）。當我們明白我們所擁有的一切（房屋、汽車、金錢等）實際上都不是我們的，而是應該為祂的目的和榮耀而去管理，那麼AUM似乎是一個更準確和合適的名字。

二、想到任何數字被視為是關於我的「淨值」，便感覺這是相當大的侮辱。你和我都是上帝為了某個複雜的目的，被精心設計和創造出來的。我們擁有極高的價值（不管我們在財務上是成功還是失敗）。上帝讓耶穌降世，為我們犧牲，這點已經證明了一切。我不覺得自我價值應該以擁有多少美元來代表；而且，如果你相信自我價值來自金錢定義時，那你更容易把這個當成身分認同，而不是將上帝當成你的身分認同。

琳達：為了進一步說明鮑勃的觀點，我想提醒你，上帝在創造世界之前就已經認識你。祂在你出生的時間點上是極度用心的。只有你能在世界上增添上帝創造你時的價值。你非常重要，具有意義。如果能克服像金錢這樣困難的事情，只會增加你的影響力。換句話說，你為此而生。

為什麼AUM能跑得比債務快

有的人視債務為衡量財務成功的指標。債務越少，就是有越好的進展。如果沒有債務呢？那你就贏了！

雖然消除債務是一個偉大的目標，但把它視為追蹤財務狀況的指標，並不能讓你全面了解你財務生活的情況。AUM會追蹤你的財務進展。即便清償完所有債務後也一樣。相信我，在你還清債務之後，你還是有財要理。

琳達：是的，寶貝！它太棒了！

如果你覺得這樣還不夠，那AUM具有更積極的觀點。你如果透過觀察債務來當成財務狀況的追蹤指標，那你看到的只是還債的成果。但AUM可以觀察出你每個財務決策是好是壞，它會因為你做了正確決定而增加。

例如，你可以透過以下行動，來增加你的AUM：

- 償還信用卡債和汽車貸款
- 償還更多抵押貸款
- 添購房產
- 開設並儲蓄到羅斯IRA退休帳戶❺
- 儲蓄到401(k)或403(b)❻

---

❺ IRA（Individual Retirement Account）個人退休帳戶屬於美國社保體系的第三支柱，1974年開設以來已經深入美國家庭，屬於享有稅務優惠的個人長期養老儲蓄帳戶。傳統IRA和羅斯IRA是目前退休帳戶最常見的兩種類型，其區別在於錢存到傳統IRA，馬上可以在當年稅表上反映出來，實現立即節稅的目的；但到法定年齡要按規定開始取出，取款時須上繳所得稅。而羅斯IRA則是將稅後收入存進退休帳戶，而多年後取出免徵存款利息、股息預投資收益所得。傳統IRA和羅斯IRA對比，基本就是「先付稅」還是「後付稅」的考量。

❻ 401(k)是美國鼓勵人民為退休做準備，於1981年創立的一種延後課稅退休金帳戶，由於美國政府將相關規定明訂在國稅條例第401(k)條中，故簡稱為401(k)計畫。403(b)是指美國政府以賦稅優惠的方式，鼓勵民眾自我儲蓄的一項退休金，該計畫允許員工由稅前薪資以免稅方式提撥至個人帳戶，等到提領時再付稅，但因當事人已年邁，所得較低，稅率也較低。此計畫與401(k)計畫同為美國內地稅法（The Internal Revenue Code, IRC）內規定員工自行儲存退休金之優惠措施，但401(k)適用條件較寬，只要員工經雇主同意，即可以401(k)提存退休金，而403(b)適用的條件較嚴格，此計畫依規定必須投資於年金契約，對於設置計畫之雇主及參與計畫之員工亦有限制，必須為符合特定條件之非營利組織或為公立學校系統。

- 將錢存到個人儲蓄帳戶
- 購買指數基金、共同基金、會派發股息的股票
- 或者直接減少消費

　　用AUM當成你追蹤財務狀況的指標，會發現你能找出更多行動，可以影響它的數值，不光是清償債務而已。因此，朋友們，如果你想看到你的財務狀況越變越好，那就開始用AUM當成追蹤指標吧。

計算你的AUM

　　要確定你的AUM數值，基本上它只是小學二年級的數學問題。只要將你的資產（你擁有的東西）減去你的債務就行了。下面是細項：

你的資產總額

　　第一步，列出所有你能想到的每一項資產：房子、汽車、退休帳戶、投資、儲蓄帳戶、支票帳戶、應急基金、珠寶或是其他類似的東西，都屬於資產。任何具有價值、能夠透過實際出售來變現的都算。

　　想要知道你的房地產價值，可能到zillow.com來粗估你的房價。而汽車可以到KBB.com去查價。至於你的支票、儲蓄、投資帳戶，就到網路銀行裡看它們的餘額，或是你最近一期的對帳單。

你可以將房子周圍任何有價值的物品都算進去，但我建議要保守一些。為了方便起見，價值低於兩百五十美元的物品我忽略不計。是，我知道我可以在eBay上找到願意買下我襪子的人，但我只是想要一個粗略的估計值。我會將所有這些小東西合併在一個稱為「雜項物品」之中，然後估計它們可以賣多少錢。當你列出所有估計項目後，就能開始計算資產總值。

馬上行動

想要提前進行相關的挑戰並取得成就嗎？請翻到第113頁了解詳情。

你的借款（負債）總額

在總資產下面幾行，你要列出每一筆債務：抵押貸款、汽車貸款、信用卡、學生貸款、醫療債務、你從奶奶那裡借來的錢，這些都是。和上面一樣，檢查每一項的餘額，然後將你的債務合計。

兩數相減

現在你可以用你的總資產減去你的總負債，好了，你得到你的AUM了。現在把這數值標上日期，並好好保存。

要在哪裡計算均可，如果你偏好紙筆，那就用紙筆。或是你偏好用試算表來處理也行：seedtime.com/aum[7]。

資產

汽車	$10,000
房子	$195,000
存款	$5,000
401(k)	$10,000
總資產：	**$200,000**

負債

車貸	$5,000
房貸	$160,000
學生貸款	$10,000
信用卡貸款	$5,000
總負債：	**$180,000**
受管理的資產：	**$40,000**

---

[7] 這裡有免費的表格供你下載。

我們的起跑點

當琳達和我第一次計算我們的AUM時，它是-13,843.84美元。我知道我們有一堆債務，但我沒有意識到它會出現負數。

起初我很灰心。感覺就像在谷底往上看，也不知道該去哪裡。但我注意到，當我們開始用錢做一些稍微不那麼愚蠢的事情，我們的AUM每個月都在增加。一年後，它增加了快15,000美元，AUM數值達到746美元！雖然還不到800美元，但已經不再是負數，我們都感到興奮。隨著我們不斷努力，它繼續增長。

洞悉小語

事實上，以AUM開始是相當常見的情況。有些人發現他們的AUM虧損數十萬美元（通常是因為學生貸款或醫療債務）。請記住，重要的不是你目前的處境，而是承認你處境的真實狀況。無論你的初始AUM如何，將其稱為見證你財務的起點。

我通常每年檢查一到兩次我們的AUM。但是，如果你正在打拚，需要一點鼓勵，那就多多確認！不管你算出來的數字是多少，只要把它視為一個起跑點即可。如果你做了正確的消費決策，或是還債，你的AUM很有可能會不斷增加。

上帝和你的 AUM

AUM 只是一個工具,用來衡量我們如何管理上帝賜予的資產。身為一個好的管理者,會好好負起自己的責任,不是嗎?

我們定期追蹤它不是為了向人炫耀、不是為了自我感覺良好,也不是為了確定自我的價值。

琳達:記住,耶穌不帶有任何原罪,為了我們來到人世,卻被釘死在十字架上;這一切已經足以證明我們的價值。任何金額都比不上祂的付出,根本沒有任何數值能夠代表你的價值。

當我們真正掌握了這一點,我們就可以把 AUM 看作是衡量管理狀況的工具,並對上帝顯示忠誠的表現,它並不是一個真正這麼重要的數字。

可以這樣說:我相信神想讓我們清楚地知道自己的財務情況,這樣,要是祂想在我們的財務上創造奇蹟時,我們得以見證並廣為宣揚祂的榮耀。

上帝分開紅海之前,摩西也是站在紅海的邊緣。我猜祂想讓以色列人近距離看到自己不可逾越的障礙,這樣他們就能更好地理解,神在他們生命中所創造的奇蹟的規模有多偉大,他們將會世世代代地講述神的故事並忠心追隨。

無論你的情況如何,計算 AUM 能讓你找到起點。在未來的歲月裡,它將提醒你,神已經把你推到了多遠。而祂在你財務中所做的任何奇蹟,會使你的故事更加豐富。

第三章

絕不100規則

　　還記得麥克・泰森嗎？世界重量級拳王。他與依凡德・何利菲德對戰，還咬掉了他一部分耳朵。這我們怎麼會忘記呢？

　　一九九七年，在那場臭名昭著的比賽中，他只打了三輪就被取消比賽資格，並獲得了三千萬美元的報酬，三千萬啊！[1]，不到十分鐘的比賽！而且不光那場比賽。在他的職業生涯中，他總共賺了四億多美元。[2]

　　泰森惹了不少麻煩上身，但錢不是問題之一，他很有錢⋯⋯直到二〇〇三年，他申請破產，花光了所有錢（還負債兩千三百萬）。

　　想想一個人一輩子要花掉四億兩千三百萬美元有多難？更不用說他只用短短幾年就花掉了？這遠遠超出了大多數人能夠理解的範圍，以至於我們傾向於將其作為一種反常現象來看待。但事實並非如此。讓我們看看另一種情況。

　　NBA球員的平均年收入為七百五十萬美元[3]。而平均年齡的國家美式足球聯盟（NFL）球員的年收入約為兩百七十萬美元[4]。撇開泰森的財務狀況不談，要是你有兩百七十萬美元的薪水，你能想得到要用來做什麼嗎？

琳達：我相信我一定想得到。

但下面才是真正的重點。你知道嗎，大多數NBA和NFL球員在退役後不久就破產了？根據美國消費者新聞與商業頻道的報導，「據估計，百分之六十的前NBA球員，在離開聯盟五年內破產……據報導，百分之七十八的前NFL球員在退役兩年後破產，或面臨財務壓力。」[5]

琳達：這和肯伊的歌詞一樣，「贏得超級盃，開著現代車（Hyundai）」[6]

當我讀到這篇文章時，我簡直不敢相信。即使有數百萬美元可供支配，但我們的體育英雄在理財方面也是一團糟。然而，我們大多數人在睡覺前，都覺得要是能賺多一點，那財務狀況就會有所改善。

> 重要的不是收入的多寡，而是你如何運用。

我們認定，解決錢不夠的問題就是擁有更多金錢。但事實上，錢的多少並不重要，重要的是你怎麼管理它[8]。

---

❽事實上，你如果沒有掌握「絕不100規則」，錢越多問題只會越大。這也是為什麼泰森最後會負債兩千三百萬美元。

什麼是「絕不100規則」

你不需要是個天才就能猜到，許多職業運動員犯下的財務錯誤，和半數的美國人一樣[7]。他們每個月會把賺來的錢，百分之百都花掉。因此，當離開收入百萬美元的工作後，他們就一無所有。

好了，也許你早就知道了。但如果你傾向和我一樣，犯下同樣的錯（我在薪水入帳前，就先把它花掉），我想分享一些規則。這些規則能讓你無論薪水多少，總能保有資產。

我稱之為「絕不100規則」。簡單地說，就是永遠不要把你每個月的收入花得分毫不剩。

不管我收入波動有多大，我絕對會盡量克制，不會花掉全部的當月收入。

遵循這一規則，你會增加在財務方面成功的機會。同時也很大程度避免落入運動員和美國大多數人的困境。

反過來講，要是你違反這一規則，那幾乎可以確定，不管你賺多少錢，最後都會破產。不信的話，你去問問麥克·泰森。

不要以為這規則很簡單。不管你是收入百萬、薪資微薄、你理財上精打細算，還是理財上粗枝大葉（就像以前我和琳達一樣），它都適用。雖然沒有放諸四海皆準的理財法則，但這一個已經十分接近四海皆通用。

我們可以用各種細節來說明每個月怎樣存錢，怎樣增加收入或者如何投資，但要是你的支出占收入的105%，那這些細節真的不重要了。要是想在財務上獲得成功，你必須從「絕不100規則」開始。

認識羅納德・瑞德

羅納德・瑞德是佛蒙特州一間加油站的服務員兼管理工。他從來沒有獲得什麼高薪工作過，但他一直堅守著「絕不100規則」。他在世上九十二年來，沒有走上高薪運動員的路，這些人的收入是他的十到百倍。你思考一下，這薪資差距很驚人，但後面還有更精采的。

以管理工的薪資加上他堅守的原則，他從沒把收入花得一毛不剩；而是一直在投資和儲蓄。他一生中累積了八百萬美元，而且大部分他都捐出去了[8]。

我們大多數人都覺得，要是我們能有NFL球員幾年的薪水，那眼下所有財務問題都會消失。我們當然不會把錢花光，會有不同的處理方式。我們會非常聰明，不會像百分之七十八的NFL退役球員那樣，對嗎？

我不想潑冷水，但除非你能把現在擁有的東西管理得很好，否則給我們更多的錢，也不可能管理得更好。重點不在於是否收入增長十倍，或只多了百分之二的加薪，不管增加的收入是多是少，我們都應該做好應對的準備，否則這多出來的錢也留不住。

處於危機模式

事實上，在西方世界，我們每個月都入不敷出，因為我們正處於危機模式。從失業到巨額醫療費用再到育兒費用，借的錢越來越多，沒有出路，只能希望有一天問題會自行解決。

難怪我們當中許多人無法考慮存錢和給予，因為已經被生活壓得喘不過氣。

琳達：我知道那種「永遠不會好起來」的感覺，我真的知道，那是一種絕望。如果你有這種感覺，我們正替你祈禱。而且的確有一條出路，這也是這本書的目的，祈禱你能開拓你的思想，並繼續讀下去，你的救贖就在路上。

雖然琳達和我經歷過財務困難，但你的情況將和我們或其他人的不同。如果你已經放棄了希望，不會有奇蹟發生，那麼讓我提醒你，「奇蹟」正是上帝的拿手好戲。

要過上真正富足的生活，既需要遵循固有合理的理財方式，但也需要上帝的超自然力量。我發現大多數人在這兩者之間只傾向相信一種。覺得只要自己精心理財就夠了，或是單純覺得祈禱就夠了。

但我要告訴你，只有當上述兩者同時結合、運作時，才會發生驚人的事。順從《聖經》裡對金錢的啟示，它是永恆的真理。充滿信心踏出虔誠的一步，給上帝一個創造奇蹟的機會。

讓我們祈禱並邀請神進入你的困境，從「絕不100規則」開始，並且運用理財智慧。不要花光口袋裡的一分一毫，並將注意力轉向儲蓄、投資和誠心付出（在以後的章節中會有更多關於這方面的內容）。當我們以禱告的方式，大膽地追隨上帝，上帝就會出現。

「絕不100規則」的實踐

你可能在想，說都很容易，但現實生活中要怎麼做到？有一個由四部分組成的計畫，可以確保你遵守「絕不100規則」，讓你達成你的財務目標。我稱它為「全科高分策略」，它改變了我們的財務生活。除了上帝之外，這個簡單的策略是幫助我們在三年內還清抵押貸款的最大功臣❾。

就和其他事一樣，在其他方面也得一起輔助進行。簡單表示不神奇，但它的確非常值得遵守。「全科高分策略」要付諸實踐，需要四個步驟，接下來的四個章節會細說：

1. 注意力
2. 自動化
3. 調整
4. 肩負責任

無論你的收入曲線是像職業運動員，還是職業清潔工，又或是介於兩者之間，按照「全科高分策略」，都能帶給你長期的成功。它會確保你的錢有流向你要它去的地方，從而更快實現你的財務目標。

---

❾ 是的，你沒看錯，更多關於我們如何做到這一點的內容在後面的章節中。

第四章

注意力：當你測量績效，
你就能改善績效

你知道牲畜是最早的貨幣之一嗎[1]？牛、綿羊、山羊、雞或是其他動物都是當時的貨幣。所以在貴金屬成為貨幣之前，人們使用的是雞和羊。

我們在《創世紀》13:2可以看到：「亞伯蘭擁有的牲畜極多，還有銀子、金子。」有看到嗎？亞伯蘭的財富首先是由他的牲畜來衡量的，而不是他的金銀。

知道了這一點，我們就能明白那些牧羊人和農場主的經文，我們本來以為只適合這類人看，比如《箴言》27:23：「你要詳細知道你羊群的景況，留心料理你的牛群。」[2]這不僅僅是對農民的賢明建議也是關於處理金錢的指示。

如果牲畜是一種貨幣形式，農場主被要求了解他們的羊群的情況，那就意味著要知道有多少山羊、綿羊或牛嗎？這將代表要知道每天晚上是否有牲畜被狼叼走，對嗎？

所以，當我們實際上在談論「財產」時，我們很多人就像懶惰的農場主，只是看著窗外的田野，說：「看起來還有一些羊在那裡。不知道有多少，也不知道是否健康或者有沒有狼在攻擊牠

們，但總之看起來還有羊。」

在《信息本聖經》的翻譯版本中，27:23到24裡寫得更是清楚：

「你要詳細知道你羊的景況，留心料理你的牛群；因為資財不能永有，冠冕豈能存到萬代？」

我們不僅被指示要了解自己的財務狀況，而且《箴言》還警告我們，我們不可能總是一直有錢，不能因為你有辦法購買你要的東西和支付帳單，就代表你永遠都能保持這樣。

這裡有一棵幼苗：而這也是你唯一的工作

想像一下，我給你一棵幼苗和一項簡單的工作。你唯一的工作就是讓幼苗活著。就算是五歲的孩子都明白，要完成這項任務，你基本上需要做兩件事：

- 不要把它放在壁櫥裡。
- 留意它什麼時候需要澆水灌溉。

身為一名園丁，我以前曾害死好多株植物。幾乎每一株的死亡都只是因為自己沒有留意植物的狀況。當我和別人說，我喜歡園藝時，別人常常會說：「哦，我沒什麼園藝經驗，所以我種什麼就死什麼。」但要是讓幼苗活著這麼簡單，為什麼這麼多人會種到枯萎？

十有八九只是不夠關心，忘記澆水。然後就形成一種自己不

會照顧植物的信念，但其實只是因為粗心大意而已。事實上，這道理用在金錢方面也一模一樣。

他們沒有花心思留意財務狀況，然後當事情沒有照著希望方向發展時，就覺得自己不善理財。其實這就跟照顧羊群的道理一樣。

你認識這樣的人嗎？

暴風來臨時

就算在生活中，你把幼苗照顧得很好，但暴風雨還是會來[3]。在這時候，園丁會如何照顧他的植物？

對它們的關心只能增加不能減少。要繼續給植物澆水，但也可能修剪斷枝以應對狀況。

碰到金融風暴時，好的做法不是忽視你的財務狀況，而是要花更多的時間和精力在上面。當你失業或是沒工作時，不能忽視你的預算，得更加關心它，直到危機解除。

琳達：如果你和我一樣，只是想忽略問題，假裝一切都會好起來的請舉手；嗯，你並不孤單。但是，讓我們達成一個協議——去執行那些困難的事情，這樣才能成為上帝想創造出來的人，回應祂對我們生命的召喚！

好的園丁不會在植物垂死掙扎時拋棄它們，反而會給予更多時間去照顧和關心，直到它們恢復健康。我們對自己的財務也一樣，不要把頭埋進沙子裡，而是帶著祈求上帝的心，盡一切努力讓它變好。

這是常被忽略的重點。不管你對財務成功的定義是什麼，你都得花心思去注意它的狀況。所以如果你常有這樣的問題，那我們就從今天開始養成這習慣。幼苗還很小，但它會長得很快。

未來的你看到你怎麼理財的時候，會對你的成長感到驚喜（順帶一提，未來的你會是個很棒的人）。你將離開月光族的生活，會有多餘的錢，並遠勝你現在的財務狀況。

謹慎對待你的錢

卡爾·皮爾森是十九世紀的數學家，當第一次介紹他的皮爾森定律時曾說：「當測量績效後，績效就會提高。測量會帶來回饋，依此頻頻做出改進[4]。」

讓我們把這定律拆開來，先從第一句話開始：「當測量績效後，績效就會提高。」

我幾乎每天都在開車，駕駛經驗已經超過二十四年了。我可以跟你保證，每次在路邊看到員警，我都會立即放慢速度；可能會檢查當時速度，好確定應該放慢多少，但每次都會放慢。我是否知道自己的速度並不重要，是否超速也是員警在測量的，但員警的存在，讓我改善自己的駕駛行為。

琳達：你會不會在收到快遞包裹後，在另一半發現前就先藏起來？嗯哼，被我發現了吧！因為不想讓你買東西的行為被你的另一半「測量」，對嗎？

是的，我也會這樣。我曾試著瞞著鮑勃，忍不住常

跑星巴克。假裝他不會從銀行對帳單上看到它一樣（但就算他沒發現，我也會對自己翻白眼）。

有一天鮑勃發現了。當時我故作輕鬆想把對帳單丟到垃圾桶裡。他笑著說，「妳有發現妳在星巴克每個月都會消費到兩百美元嗎？妳知道一年下來差不多就是兩千四美元吧？」我回答，「我不知道。」雖然裝得不在意，但讓我有所警覺。

我想了想自己想要的東西，以及為什麼好像永遠無法得到它們。那是因為我把錢都付給了星巴克。在鮑勃告訴我實際的數字後，我忍不住想，是該有些改變。

我得聲明，鮑勃從來沒要求我要停止或是改變。他只是單純提供資訊，沒有下任何判斷。

所以，如果你想和你的配偶談談對方的消費習慣，那我建議只需要陳述事實，不需要抱持反對態度。只要他或她知道這資訊後，就算再怎麼痛苦，最後也會放棄。

輕輕鬆鬆減少開支

你希望不費吹灰之力就能省錢嗎？我們都這麼希望，對吧？好，這就是「全科高分策略」會達到的效果。

第一步是注意你的支出。可以寫下你的每一筆消費好好審視。這樣做效果驚人。我看過一些人的故事，他們光做這個練習就能省下一半消費的金額。

馬上行動

想要提前進行相關的挑戰並取得成就嗎？請翻到第113頁了解詳情。

但我喜歡盡可能保持簡單。我們身處二十一世紀，會有更簡單的方法從中獲益，例如使用「personalcapital.com」的程式（在本書出版之際，我很愛用這個記錄）[10]，不用幾分鐘，你就能看到你消費的各種明細。

下面是你要做的事：先在personalcapital.com創建一個免費的帳戶。然後登錄你的消費帳戶（信用卡、支票帳戶等）。Personalcapital會調出你幾個月前的交易紀錄，它會在「銀行業務」→「現金流」→「支出」的標籤裡[11]，你應該會發現，程式會自動分類你的每筆消費，但準確性得靠你手動調整。只要花幾分鐘，就能清楚看到自己在過去幾個月裡花了多少錢。例如：你會有明確的資料告訴你，你是不是真的每個月在雜貨店裡的消費低於五百美元。

> **琳達**：當我們與在執行這方法的學生交談時，每次都讓我大吃一驚。他們往往會表示光是審視支出就能節省下數百美元！

這真的很令人興奮，因為「全科高分策略」在這裡還沒有要求我們在支出上需要有任何調整。單單只是測量和關注，結果成效就自動改善。

不要止步於此，需要更上一層樓

現在我們再仔細看皮爾森定律的下一句話：「測量會帶來回饋，依此頻頻做出改進。」

這裡的重點是，定期更新我們的財務表現，有助於我們改進，而且改進的速度相當快。回顧之前的例子，我們可以簡單找到方法來追蹤和報告我們的財務表現，以此加快我們進步的頻率。當我在高速公路上開車時，我可以使用Waze應用程式，當我每小時超速五英里時，它會發出警報。琳達也可以用Mint應用程式，設置消費提醒，某個月中，她只要在星巴克花了五十美元以上，程式就會發出通知。

請記住，我們沒有要在改變消費習慣方面施加壓力；我們只是需要追蹤並定期獲得回饋。光是這樣，在沒有試著改變習慣的情況下，就能得到更好的表現。

我們一名叫洛琳‧坎東尼的學員[12]，決定接下這個挑戰，持續關注自己支出兩個月。然後她回報：「我每個月減少了八百多美元的支出，我覺得更能控制我的錢了。」

在試圖改變行為之前，我們應該先建立系統，它就像是理財方面的記分板一樣，能反映自己目前的表現。

---

[10] 請參照 seedtime.com/cashflow。裡面有我們的最新推薦和影片分享。
[11] 你也可以列印出來。
[12] 她現在在幫我們「現實金錢處理法」的學員們建立能夠測量並報告消費明細的系統。

金錢遊戲

在《要命任務，四步達陣！》一書中，作者分享了颶風卡崔娜過後的故事，說明了記分板的重要性：

> 上個星期五的晚上，當地高中球隊正進行重要比賽。觀眾台上座無虛席，開球也是一如既往地氣氛熱烈。但比到一半有點不對勁，沒有歡呼和加油，似乎沒有人在關注這比賽，觀眾席唯一的聲音是交頭接耳在談話，發生了什麼事？
>
> 記分板被颶風吹倒後尚未修復。球迷看不到任何數字。有人是這麼說的：「沒有人知道現在比數是多少、落後了多少分、比賽還剩多少時間；但比賽還在繼續，只是沒人知道怎麼回事。」[5]

你就是這麼對待自己的財務狀況嗎？

一場極為重要「比賽」在進行，但大多數人卻不知道進展到哪了。最後只會是：

- 財務壓力增加
- 婚姻關係緊張
- 生活各方面都受到影響
- 沒有能力回應上帝的召喚

這一切的根源，只是因為我們沒關注自己的財務狀況。但要是我們有在關注呢？

　　想像一下，不需要試著改變自己消費行為，只要積極追蹤和回顧績效，你就可以減少財務壓力、讓婚姻更加美好、付出更多，並對神的王國產生影響。只是單純追蹤目前的狀況，就能在財務進步上面有著極大的正面影響。

第五章

自動化：永遠不要依賴意志力

二〇〇八年，我離開金融公司的工作，自行創業。你知道當時最讓我驚訝的是什麼嗎？——我必須納稅。

當然，我知道自己一直都在納稅，但之前納的稅不過是我薪水單上的一行字。但在創業後，身為公司老闆，我一年有四次得開支票給美國國稅局。

納稅這件事變得非常真實。辛苦賺來的錢，被切出很大一塊寄給國稅局，銀行裡的餘額直接砍半。雖然我第一年繳的稅額最低（按收入的百分比計算），但還是感覺很傷。

為什麼會這樣？

以前當員工時，納稅會自動扣繳，所以我看不到這過程，也不會特別去思考稅務問題。但現在自己當老闆，我不得不去想。被迫看著自己銀行裡的錢突然減少；這真的很痛苦。

美國稅務

在第二次大戰期間，美國政府想到了有史以來最聰明的增加收入辦法。在戰前，美國公民必須主動納稅，就像我現在身為企

業主這樣。但為了支付戰爭費用，政府並非要求所有納稅人每三個月要繳一次稅，而是採取了更主動的控制方法。

一九四三年七月一日，他們要求全國雇主，要從雇員的薪資單上扣除稅額[1]。這舉動為什麼是聰明的，主要有以下原因：

1. **收稅效率奇高**。政府不需要額外出力去查每個人的稅，就能收到更多的錢，不需要去查是否有逾期未繳或是逃稅的人。這種方法制定後就不需要再花費心力。

2. **納稅人沒關注到這個改變**。人類有一種驚人的適應力，過一段時間就會適應新的規範。雖然你可能不喜歡看到薪資單上的扣繳所得稅那一行，但你很可能已經接受了它，因為「它本來就這樣」。事實上，你很可能根本沒多想。

我在當地圖書館借書逾期歸還，但館方不接受信用卡或簽帳金融卡，因此當我在車子的手套箱裡翻找，看看有沒有七十五美分時❸，意識到了一件事——平常我總覺得，我們的政府沒什麼值得學習的地方，但就這件事來看，並不盡然。它們讓納稅自動化，不但保障收入，還減少了人力成本。

---

❸ 沒有，我真的沒開玩笑，這事上個禮拜才發生過。

自動化的勝利

面對現實吧，財務上要成功，最大的敵人往往是自己。大多數時候我們都知道怎麼做，但真正的挑戰是付諸行動。但若財務上的成功和意志力以及自律無關呢？

幾乎任何領域的成功人士都很少依靠自律來成功，而是讓重要的事務自動化。

作家詹姆斯‧克利爾是這麼說的：「如果你想要獲得更好的結果，那就忘了你的目標。專注於你建立的制度系統，不要把自己上升到目標層級，而是下降到系統層級。」[2]

這一原則也適用我們的財務狀況。善於理財的人，在做財務決定時並非自律過人，而是選擇建立制度，消除自律的必要性，才能從一而終地做出一致的正確決策。

記住，在財務上的成功和自律無關，而是讓重要的財務決策自動化並盡可能簡單。

> **琳達：**我總覺得自己混亂、沒有自律，因而感到內疚。
> 但我漸漸意識到，這和是否有紀律無關，而是和自動化
> 有關。不管你是莫妮卡還是菲比[14]，都可以替自己的成
> 功打下基礎。

---

[14] 莫妮卡和菲比是美國影集《六人行》裡的角色，莫尼卡有極度紀律狂，桌子被移動了一公分都會覺得不對勁，而菲比則剛好相反，全然隨興過日子。

金錢是條小溪

我的後院有條小溪。北方下大雨時，它會大約有六英尺深。然後沒幾天就乾涸。

我喜歡把錢想像成小溪。每個月收入流進來，支出流出。金錢只是從我手中經過。當錢消失時，就是消失了。

當那條小溪深度很深時，我可以輕易拿個水桶舀水出來，可以替植物灌溉、洗車或是做任何我需要的事。但如果我沒有好好利用，那它就會不知不覺乾涸。

這裡，有個更好的方式，就是在溪邊挖個渠道，讓水能自動分配。每次小溪高漲時，就會自動流向我的花園，不需要親自動手灌溉水果蔬菜。

我們可以用像挖渠道一樣的方式，讓金錢自動流入對我們重要的部分。不然它就會像小溪一樣，流進來然後又流逝，消失不見。

簡單的自動化

盡可能找到一種方法讓理財任務自動完成。在日常現實中，它可能是每個月的第一天用自動匯款來支付銀行帳單或捐贈奉獻。

至少你可以養成一個習慣，讓奉獻付出盡可能自動化。例如，這個月的第一天，琳達和我會習慣性捐百分之十的所得給教會。

你也可以用銀行的定期轉帳功能，把錢轉進儲蓄帳戶。

馬上行動

想要提前進行相關的挑戰並取得成就嗎？請翻到第114頁了解詳情。

每個月，你將一定的金額，從支票戶頭轉到儲蓄戶頭，你下一次度假的錢就自動存起來了。

也可以在退休帳戶做同樣的事。你甚至可以開個帳戶，自動替孩子存下大學學費。透過這個方法，你可以有系統又毫不費力地往你重要的財務目標邁進。

提供你我個人的小故事以資鼓勵。在我開始執行理財自動化之前，我已經讀了十幾本理財書。我一直沒正視這個簡單的小動作（這可能只需要花五分鐘），因為那時我不覺得這會有什麼巨大成效。

但相信我，這對我和琳達來講是個巨大的改變。雖然是很小的一件事，但它真的很重要。光這一招，我們從本來偶爾才能存錢和捐款的頻率，變成了每次都能存到錢和捐款。每次都持續地發生，讓我們不管是存錢還是付出都有了巨大的增長。

所以，我鼓勵你去做。不要等你讀了十幾本書後再開始。現在就做，未來的你會感謝你的。

第六章

調整：如果你發現陷入一個坑洞，
就別再往下挖了

　　我的老闆是我遇到過最善良的人之一。他一直都擔任高級主管，但不會太過自大，能和像我這樣的小職員輕鬆聊天，對待員工和其他主管的態度也都一樣。他是我們所有人心目中理想的老闆典範：有趣、善解人意、友好。因此，他從員工那裡得到了很多回報。

　　二〇〇七年，一個星期二的早上，他把整個部門叫來會議室。這舉動不奇怪，奇怪的是他臉上沒有笑容。等到所有人都排隊進到這擁擠的房間裡後，他才進來，緩緩關上門。等他轉身面對我們的時候，我看到他眼眶裡充滿淚水。

　　當我們坐在裡面想弄清楚怎麼回事時，他說：「大家，要宣布這消息不容易……」然後他告訴我們，再幾個月後，這間會議室裡會有二十七個人被裁員。

　　本書第二部分會提到這故事的後續。但我只想說，等待人事通知的這幾個月並不好過。那時正處於經濟大衰退時期，我們的家庭收入下降了百分之六十。說實話，我不知道自己的收入有沒有辦法回到以前的水準。

我們向上帝祈禱，希望祂能在財務上顯神蹟，滿足我們的需求[1]。就算收入減少百分之六十，我們也仍盡力遵守「永不100規則」（永遠不要花掉自己百分之百的收入）。雖然有幾個月我們失敗了，但仍盡力維持，就算花費了105%，還是能比花了150%能撐得更久。所以我們省吃儉用，以應對我們新的現實（希望它只是暫時的）。

調整你的支出

我敢賭，在你得到加薪、爭取到一個大客戶，或是業務有所進展的時候，你會非常擅長調整自己的支出。琳達一直覺得她是這方面的世界級專家。

就我個人而言，以前是這樣：我主管說我能升職加薪，然後我回家告訴琳達，她會開始在房間裡跳舞（包含高踢腿的動作），笑得很開心，然後立刻想出要怎麼花掉我們增加的收入。可能會去度假、買新的梳妝台、買新衣服，甚至可能升級汽車，這樣就能配得上我的新同事。

但不可避免的是，兩個月後手頭變緊。之前的加薪本應能讓我們有緩衝空間，但為什麼沒有？因為我們很快（實際上根本是飛快）調整了自己的支出，讓它符合增加的收入。

那麼，當我們收入減少時，為什麼會願意再次調整支出？我們都知道原因，因為這一點都不有趣，對嗎？

但為了遵守「永不100規則」，要是收入下降，那也該調降我們的支出。

我相信，當收入上升後，不需要任何協助就知道怎麼調升支出，所以這裡我們只談怎麼調降。

現在，如果你的財務狀況一切都很美好，也成功遵守「永不100規則」，那麼你可以跳到下一章了。但如果情況有所改變，你知道該看哪一章。

如果你失業，或是打零工

我知道很多人在讀這本書時可能沒有收入，不然就是沒有足夠的錢來維持生計。如果這是你，我想讓你知道我也經歷過這過程。我知道這聽起來像難以克服的挑戰，但我建議你這樣想：

想像一下，你在湖中央的獨木舟裡。而且還在漏水，水灌進船內，當你發現後，開始試著堵住漏水孔。

如果有六個洞，你可能無法全數堵住，但就算能堵住兩三個，也能減緩損失。這就足以影響你是否會沉沒，還是只是沒有充足時間划到岸邊站穩腳跟。這種情況下，目標不是解決整個問題，而是讓它沒有那麼糟。

盡力控制你能掌握的事，同時祈禱，把無法控制的事交給上帝。再次提醒，不管情況看起來有多糟，「神能照著運行在我們心裡的大力充充足足的成就一切，超過我們所求所想的。」[2]

生存預算

過去十五年裡，我們有幾次「機會」，可以在收入大幅下降後也調降支出。每次發現收入大幅下降時，我都會做以下的練習：立刻計算自己的「生存預算」。

這通常只需要花十分鐘，但卻十分有益。目的是看你在這非常時期，最基本的生活費是多少。如果必須刪除所有非必要開支，你的生活費又會有多麼簡樸？

因此，我會打開預算範本，用維持最低生活所需的觀點，填入所有開支。我們所有人對於最低限度的定義都不盡相同，但通常而言，它應該只包括絕對必要的物品。

洞悉小語

對大多數人來說，飲食用餐是潛在的主要影響——減少外出用餐、減少浪費、在更便宜的雜貨店購物、使用優惠券。在飲食用餐方面可以節省很多錢。

當你處在這個階段，要對每項開支提出質問，看看有沒有什麼方法可以削減它。例如，在裁員期間制定生存預算時，我們不外食，到最便宜的雜貨店買東西，避免零食。此外削減了幾乎所有娛樂活動，讓信用卡帳單減少到最低限度，個人開支幾乎為零，甚至考慮賣車子來還汽車貸款。

這可能聽起來很瘋狂，但很有效。在你計算你的生存預算

時，請記住兩個關鍵：

1. 光是把它列出來，不代表你就能生存下去。我們的目標是要找出你能把這預算降到多低。

2. 就算你可以靠這個活下去，這也只是一個臨時計畫，並非持續長久的計畫。

最後一點要提醒的是，當我們談論預算時，這幾乎和一般的建議相反。在你平常的生活中，預算中有一些非必要的項目（也就是有趣的東西）是非常重要的。這才是讓預算運作的關鍵。但在這個練習中剛好相反。

琳達：好吧，所以不要拿著這個去找你的另一半說：「有個叫鮑勃的人剛剛跟我說，不要去餐廳吃飯、取消網飛訂閱、賣掉我們的車！」這只是一個練習，或是如果你剛好有需要，那這只是一個臨時的解決方案。記住，正常使用下它應該會讓你壓力有所緩解，而非產生恐慌。

在黑暗中尋找希望

我注意到恐懼常常藏在黑暗中，然後不知不覺越長越大。但是當你將光線照射其上時，通常就不再那麼嚇人。當你使用這種

	一般預算	生存預算	
付出	$300	$300	對我們來說，付出從來都沒得退讓。
在外用餐	$300	$0	減少外出用餐，只在家裡做飯。
雜貨	$300	$400	增加額度，以應付更多的烹飪費用。在最便宜的雜貨店購物，且避免購買零食。
娛樂	$100	$0	停止一切娛樂。
交通	$350	$350	必要的交通費用保留，非必要的都刪減。
咖啡	$100	$20	在家自己煮咖啡。
手機費	$100	$100	
健身	$100	$0	暫停健身房會費和健身課程，在家中鍛鍊。
衣服	$150	$0	不買新衣服。
保險	$250	$250	
住屋	$800	$800	
退休	$300	$0	不存退休金。
信用卡	$200	$100	僅支付所需的最低還款金額。
每月總額	$3,350	$2,320	
每年總額	$40,200	$27,840	

練習時，你基本上是在面對最壞的情況。我發現在面對情況不明的狀態時，這種練習最能鼓舞自己。

在二〇〇八年的失業期間，我就做了這個練習。我們發現可以靠每個月兩千三百美元的收入過活。我得出了個結論，在最壞的情況下，還可以在馬路邊的星巴克找份工作，可以輕鬆付得起帳單。當然，這是很糟的情況，但有助於知道自己需要多少錢來生存。這個簡單的練習幫助我們換個觀點，消除了許多壓力，並在危急中提供希望。

> **琳達：**鮑勃失業時，我最擔心的是無家可歸，或是汽車被強制收回。然後鮑勃把他算出來的數字給我看，讓我知道真實情況。我看到後，發現要是我們暫時減少開支，那這些都不會發生。計算生存預算的練習讓我的恐懼平靜下來，因為我看到未來計畫。
>
> 記住，正是在困苦的時候，才能看見上帝創造奇蹟！因為我們必須全心信任祂。這樣我們的靈魂才有機會成長。而每當我們處於這樣的位置時，祂總會做出一些我們無法意料的事。
>
> 有時，會突然有意外收入；有時，是在我們持續耕耘一段時間，能看到勞動的成果；有時，帳戶裡的錢突然增加。鮑勃是個細心的人，不會看漏任何細節，所以這多出來的錢款，是個類似五餅二魚的奇蹟。
>
> 如果你讓上帝做祂的事，你會看到你生命中出現在其他地方看不到的成果。

第七章

肩負責任：失敗越來越難，
成功越來越容易

幾年前，我和四位好友徒步穿越田納西的山區，一起度過男人們的週末，做一些有野心的人會做的事：討論我們今年的目標。後來大家想出一個絕妙的點子。

這事情我們做過很多次，就是尋找「肩負責任」的夥伴。我懂我懂，你可能以前就試過了，另一個人自稱監督你肩負責任的夥伴，根本沒有意義，對吧？

十之八九根本無效，因為你就算失敗也不用付出任何代價。所以我們決定來試點新的東西。實驗開始前，我們每個人都選了一個具體，可衡量的目標，並希望在下個月實現。

我想重新養成健身的習慣，所以在那一個月裡我每天都去鍛鍊。要是沒有辦到，就會輪流懲罰彼此。這是最棒的地方，我們了解彼此，知道怎麼有效懲罰對方，這一定會產生激勵。在輪到我之前，一直樂於想要怎麼懲罰其他人。

他們知道我已經十幾年沒吃過速食餐廳（除了神聖的福來雞⑮），我現在吃得比較清淡，主要受了紀錄片《麥胖報告》的影響，裡面記述了一個人連續吃一個月麥當勞的影響。現在他覺

得用這個處罰我會很合適。

　　所以我的懲罰是，如果這個月裡我沒有堅持每天鍛鍊，我將要吃整整一個禮拜的麥當勞，三餐都是。

　　琳達：當我聽說這件事時，我說：「絕對不行，你不能這麼做！你一整個禮拜都會生病，我才不要因為你輸了打賭，我就得一個人照顧孩子。」

　　萬一失敗會很可怕，但我知道，這只會確保我一定得成功。要是不幸輸了，他們不會放過我。

　　旅行結束後，我回到家，這個承諾在心裡慢慢沉澱。一週運動三天很容易，但要連續三十一天不間斷，就困難得多。

　　第一個禮拜還不錯，我覺得可以辦得到。下一週，我們要出去旅行，事情會有點棘手。某天晚上，我非得在晚上十一點，到巷子裡一家小健身房，而當時我早就累得筋疲力盡。

　　第三個禮拜冷得離譜（當時是一月），我只想待在壁爐旁，不想動。但我真的不想一個禮拜三餐都吃大麥克，所以我還是堅持下去。

　　最後一個禮拜最困難。我生病了，不記得是流感還是什麼，只記得我硬撐著起來，去健身。那過程的每一分鐘都讓我厭惡，

---

❶ Chick-fil-A，是一間總部位於美國喬治亞州College Park的美式連鎖速食店，以雞肉三明治（漢堡）為主要特色。1946年5月創立，目前有超過2,600間連鎖餐廳，主要位於美國。原先僅提供早餐，爾後轉型亦提供午餐與晚餐。Chick-fil-A也提供特殊活動的外燴餐點服務。

但和懲罰相比，這絕對是值得的。

> **琳達**：一般而言，我會要他好好在床上休息。但一想到
> 那可怕的懲罰，我就對他說：「現在很痛苦對嗎？那你
> 想想，要吃一個禮拜的麥當勞你會比現在更痛苦！給我
> 撐下去。」

這是我有生以來第一次感受到責任的重量。不管我感覺好還
是壞，或是身在何處，我都要堅持下去。這個瘋狂的計畫成功
了。在上帝的恩賜之下，我堅持整整一個月，如果沒有真正責任
的重量（也就是連續七天的大麥克處罰），這一定不會成功。

肩負責任與金錢

當你想到責任和金錢關係時，你可能覺得預算會是個關鍵，
兩者確實有一點關係，這先讓我解釋一下。

我花了超過十三年，親測各種不同預算編制的方法。我就是
一個這樣的理財迷。我可能試了幾十個應用程式、工具、方法。
願上帝憐惜琳達，因為在這過程中，我一直拖著琳達一起參與。

很不幸地，我發現每種方法都有問題：它很容易作弊。也許
你也有過類似的經驗。琳達和我會把每一筆花費都分配到預算的
項目。我們的支出會限制在每筆項目的預算，要是它超支，預算
表上的數字就會變紅。但我們很容易忽略紅字或是不對其做出解
釋。這只是一種表面上的負責，沒有真正嚴格的規範。我們試過

各種預算方法，都沒有提供真正的責任重量。

在沒有任何重大威懾下，我們會尋求阻力最小的路徑行事。如果是在財務方面，我們則會傾向花光所有的錢，直到碰到真正的障礙阻止我們繼續。我們需要一堵牆。

單一類別預算

你聽過二八法則嗎？它是來自一個現象的觀察：百分之八十的效果，來自百分之二十的行動。例如：許多企業發現他們百分之八十的銷售利潤，來自百分之二十的產品。

我好奇這模式是否也存在我們的部落格裡，於是我計算了一下。事實證明，我們百分之八十的流量，來自百分之二十的部落格文章。然後我開始研究資金管理和預算是否也通用？我的意思是，如果只需要百分之二十的努力，是否就能完成百分之八十的理財成果？

當我檢視個人財務狀況和評估學員進度時，我很高興看到這個二八法則也在發揮作用。理財方面也是百分之二十的努力產生了約百分之八十的結果。這個發現讓我開始用「單一類別預算」來指導第一次規劃預算、或是在預算上一直失敗的學員。

你先確定你支出中最難掌握的項目是什麼。對大多數人而言，往往會是以下這幾種：

- 外出用餐
- 日用品

- 網路購物
- 服飾
- 娛樂
- 嗜好

自問最難控制的預算是哪一項,把那項當成你的「單一類別預算」,也就是你關注的焦點。如果你能夠把它掌握得很好,那你預算控制也會有最大改善。

我們來看一個例子:傑瑞正努力控制他的食品雜貨採購。他想每個月只花五百美元,但實際上他每個月花費六百到七百美元。這時他可以有三種選擇:

1. **為該類別獨立新開一個帳戶。**月初時傑瑞會從他主要支票帳戶裡轉五百美元到這新帳戶,並只用此帳戶裡的錢購買雜貨。

2. **替該類別買一張可儲值的禮品卡。**月初時傑瑞會儲值五百美元在當地雜貨店買的禮品卡。然後每個月發薪水後就重新儲值,並且只用該卡買雜貨。

3. **提取現金，並且這筆現金只用在該類別中。**月初傑瑞發薪水後，會提出五百美元現金，這是他下個月在雜貨上的全部支出。

三者任選一種，都可以讓傑瑞更好把花費控制在預算內。而且因為他只專注在一個類別的管理，整體而言在預算上花費力氣最少，但能省下的錢卻最多。

當你在單一類別的預算中，建立硬性的停止點後，會增加你肩膀上的責任重量，不光是你在預算表上看到赤字而已。此外，你無須費心去管理其他影響不大的類別，只要專注管理一項支出就好。

事半功倍是我最喜歡的。用「單一類別預算」來管理支出，是最好的途徑。

如果你有自己好用的預算管理方法，那就繼續使用。但若你沒有管理預算的方法，那就試試「單一類別預算」。你只需要付出百分之二十的努力，就有百分之八十的成果。但重點是，你得找到能讓你感受到肩膀上重量增加的方式。有了責任感的重量，不管我們收入程度是高是低，都能儲蓄、奉獻付出，以及替未來做好準備。

馬上行動

想要提前進行相關的挑戰並取得成就嗎？請翻到第116頁了解詳情。

第八章

如何在你喜歡的東西上花更多錢

布蘭登從小就喜歡飛機，媽媽會帶他到機場看飛機，爸爸會和他一起做飛機模型，他一直夢想自己在天上飛行。

隨著時間過去，他離夢想越來越遠。抵押貸款、學生貸款，以及一次意外的手術，種種情況讓他好像永遠無法存到錢。總有一些事情在阻礙他。有一天，他開始追蹤自己的支出（就像我們在第四章談到的那樣）。發現一些意想不到的事，他和妻子每個月支付一百五十美元給有線電視，還有額外的二十美元串流媒體費。

他們一直在付錢給有線電視業者，只因為大家都這麼做。但他們思考後發現，其實想觀看的節目在網飛都有。布蘭登又進一步發現，飛行課一小時要價一百五十美元，他其實可以實現夢想。

他隔天就打電話給有線電視業者取消租用。省下的一百五十美元直接轉進飛行課的特別帳戶。幾個月後，布蘭登在第一趟飛行實作課裡，坐在駕駛桿後，內心興奮無比。小時候的夢想一直以來都可以實現，只需要削減一些他不在意的支出就行，把注意力都放在喜好上。

聰明的消費不意味著要縮衣節食，精打細算；而是可以讓你自由追求豐富的生活，專注自己喜愛的東西。如果你能在自己喜愛的事情上毫無愧疚地享受呢？為了實現這個目標，你願意放棄什麼？

> 聰明消費能讓您自由追求豐盛的生活，並專注於您最喜愛的事物。

你最喜歡什麼？

第一步就是搞清楚哪些是你真心喜歡的東西。想像一下假設你有用不完的錢，你會把它花在哪裡？也許你會裝修房子、旅遊、攝影，或是去看電影，也許喜歡新衣服、閱讀、咖啡或是在餐廳用餐？

利用下方空間，列出你喜愛的事物，但也不要花太多時間在上面，因為金錢有限。

我喜歡

當你確定後，就可以考慮要怎麼消除其他不重要的開支。記住，你每個月花費在自己不關心的事務上就是一種浪費；這些錢應該花在你真正關心的事情上。

也許你總是從UberEats訂餐，但事實上你晚餐只要吃冷凍食品就很滿足了。也許你習慣每年都要去度假，然而旅行根本只是讓你感到緊張。你並不是真的樂在其中。

有的人是汽車迷，另一些人則認為它只是把你從A地載到B地的交通工具。如果你屬於後者，那麼可以好好利用這個機會。花錢買新車並不能真的讓你興奮開心，那麼就把注意力集中在真正讓你愉快的事物上。你可以賣掉車子，買一些可靠、狀態良好又便宜得多的東西。不要管專家或是身邊的人怎麼說，別把金錢浪費在你不重視的事情上。

> **琳達：**如果你喜歡打高爾夫，或每週六買甜甜圈，那你就放手去做，自由花錢在自己喜歡的東西上。讓它的益處超過在節省其他不關心事物的金錢後，所帶來的小小不便。

我知道你可能在想什麼：鮑勃，我花的每一分錢都是必要開銷，或是對我很重要的事物。也許這是真的，但情況往往更可能是你每個月的消費中，真的有一項比其他東西更為重要。理財作者拉米特・塞提稱這些是「金錢轉盤」，他解釋道：

的確可以分出哪些是你真正的「愛好」，並且願意在這方面花錢。別人怎麼看待你消費並不重要，每個人對錢的態度不同。這只是個優先順序不同的問題！換言之，你看重的東西，對別人來說也許並不重要。也許你喜歡花錢在長期異國旅行上，而別人寧可花同樣的錢買最新的iPhone。這很好，非常正常！

　　這只是對自己以及自己的「金錢轉盤」誠實……

　　我們會花更多的錢和精力在能帶給我們快樂的事情上，並且毫無愧疚地享受，因為我們已經從其他地方省出錢來。

　　這聽起來既嚇人又令人感到自由。我們會說：「嘿，這個對我很重要……那個對我來講無所謂……」[1]

琳達：如果你已婚，一定要考慮雙方想要的是什麼，需要把錢花在什麼地方。對鮑勃和我而言，我們經常在「何者更重要」的討論上互相遷就，我們當然都有發言權。

　　現在換你了，你把錢都花在哪些不重要的地方？下面有空間讓你列出你開支中雜亂的部分。有哪些是可以刪除的？然後把更多的錢用在自己的喜好上。

```
清除雜亂


```

　　如果你心裡想：我沒有任何東西可以填進表裡，我所買的東
西都是自己所愛的。那麼就翻到第113頁的第一個挑戰，開始追
蹤你的支出，我發現如果我能白紙黑字把支出列出來，往往更能
突顯我消費上的混亂。

策略性選擇自己的愛好

　　我十三歲的時候，把賺來的每一分錢都花在高爾夫球
上。我每星期會打兩到三次球，就那個年紀來講，球技算是
相當不錯。雖然我打高爾夫，但它從來不是我真正熱愛的運
動，只是因為高爾夫成為了我的身分標籤；也就是說，我之
所以繼續打球，其實是為了符合自己以及他人的期待。

　　隨著年齡增長，我發現不能光因為我有天賦，或者專
長，就把錢都花在高爾夫上，這沒什麼意義。雖然這很不容
易，但我還是放下了高爾夫球員的身分。

　　而且，多年來我會用以下問題，使我的愛好和目標更有
效地結合起來：

- 要是我選擇的愛好，並不怎麼花錢會怎樣？
- 要是我的愛好能讓我更健康呢？
- 或是我的愛好能帶來收入？

當我問這些問題時，我從不同的角度看待愛好。與其花五十美元打一輪高爾夫，我寧可打免費的網球，在設備上的支出更少，而且會有更充足的運動量。

我可以更專心在種植蔬果，而非痴迷於日式盆栽（不知道我這愛好是從哪來的，也許是《小子難纏》？）。除了能讓我有活動量外，還能種出比雜貨店裡更健康的食物。

如果我每年可以省下觀看聖路易紅雀隊的一百六十二場比賽的時間呢？那可是五百多個小時，我把這些時間省下來建立一個eBay帳號，並從賣東西來獲得勝利的快感呢？這種勝利與其建立在我無法控制的東西（紅雀隊），還不如基於有辦法掌握的事情上，而且它還可以幫我賺錢。

我並不是說我們應該放下真正熱愛的東西。事實相反，而是要讓我們誠實並且有意識地去確定它們。讓我們提出問題，看看這個愛好是否是真心熱愛，還是只是因為習慣而繼續的東西，我們只是被自己的身分包裹其中。放下某個愛好，做一些新的嘗試，這沒什麼不可以。

琳達：當我讀到這一節標題時，我真的笑出來，如果你了解鮑勃，你就會知道他希望生活中一切盡可能讓效率最大化。他曾告訴我，他不喜歡看悲傷的電影，因為在悲劇上花時間並不會帶來好處，我聽到後差點從椅子上摔下來。

一開始，只是把這個當成他有趣的人格特質。但是當我繼續讀下去時，我開始用一種新的眼光看待事物。別誤會我，我不會因為喜愛的東西沒有帶來具體益處就停止喜愛它

們。但我現在會自我檢視，我是否太缺乏創造力，所以一直在浪費錢。

因此，我請你打開視野，重新審視有沒有自己一直沒發現的絕佳良機。

利用摩擦力來控制消費

既然你已經確定自己的愛好，那麼是時候整理支出了。你可以利用「摩擦力」來確保所花的每一分錢都有意義，而不是一時衝動。讓錢花在你不想要的東西上面開始稍微困難，花在喜歡的事物上則變得更容易。

詹姆斯·克利爾在他的著作《原子習慣》一書中曾這樣說：

> 人們選擇產品往往不是因為它是什麼，而是因為它們所在的位置。要是我走進廚房看到櫃檯上有一盤餅乾，我會把它拿起來吃個半盤，即便本來沒有想吃，而且也不一定真的餓。要是辦公室的共用桌上，總是擺滿甜甜圈和貝果，那麼會讓人很難不去動它。你的習慣會跟據你所在的空間以及眼前的提示而改變。
>
> 人類行為會被環境塑造[2]。

環境的暗示無所不在，從雜貨店架上擺滿的商品到設備裡預先安裝的程式，不斷出現在我們身邊。光是一點微不足道的小暗示，就能大大影響我們的決策，影響程度比你以為的大得多。要

是行銷人員試圖向我們推銷，那麼我們就設置一些障礙，讓影響降到最低，以下是一些建議：

- 隱藏（或刪除）你在手機、平板上，任何用來購物的應用程式。
- 退訂零售店寄給你的促銷、優惠訊息（不管是線上還是郵寄實體）。是的，你可能會錯過九折優惠券，但如果你沒發現它，你會省下更多錢。
- 停止關注社交媒體上一些會讓你亂花錢的品牌或人物。
- 創建一個規則，規定自己每週只能網購一次。通常你有什麼想買的東西，隔個一天再考慮，對該物品的渴望就會消退。
- 這一招比較狠，那就是刪除你留在線上購物的信用卡資訊，這樣你每次購買時都得手動輸入。

如果你像我一樣，應該會覺得上面方法很煩，而且一點都不好玩。你說得沒錯，的確不怎麼有趣。但就像小船上的舵，一點小小的轉動，就能讓我們往夢想航行，不會再無意識地隨波逐流。記得，這是透過增加「摩擦力」（讓你做這件事麻煩一點）的方式，來減少在喜歡程度不夠的事物上花費，那你就能把省下的錢花在真正喜愛的事物上。拒絕一些好東西，才能接受其他更好的東西。

琳達：我知道，要跟你的另一半談節約開銷不是什麼好

主意。但記住，你結婚不是為了支配你的另一半。就算家裡的錢都是你一個人在管，你的配偶也是你的夥伴，要記得確實做到。

在你很確定自己一定是對的時候，要怎麼和所愛的人談論這類棘手的事？我朋友曾提過一個建議：「盡可能用你最謙卑的態度去找對方。」這麼做的目的是為了維持兩人的關係，而不是只達成你自己的夢想。你可以試試這麼說：「嘿，我們的財務狀況恐怕不符合我們的理想，我想要擬個計畫，看看能不能有所改善，你覺得如何？」

問問你的配偶，看對方希望把錢花在什麼地方，是否希望每年都有家庭旅遊？捐錢給某個組織？每個月按摩一次？不管是什麼，你都可以讓另一半一起參與。不光如此，你們會站在同一條起跑線上，一起讓你們的夢想成真。

第九章

如何聰明消費
（福特泡泡金牛座的故事）

　　琳達和我結婚後，我發現我小妹打算換輛新車，要賣掉她開了十二年的福特金牛座。但經銷商只願意用一千美元跟她收購，所以我建議她把車賣給我，原因如下：

　　那個時候琳達跟我白天都要上班，出門的方向完全不同，我們每天通勤大概都要開二十英里的車程，所以需要有兩台可靠的交通工具。我們雖然已擁有兩輛車，但這兩輛車的問題越來越多。

　　雖然那當下並不需要第三輛車，但如果我們其中一輛要是出了什麼問題，我就必須做出選擇：一就是緊急貸款買新車，再不然就是支付大筆的修車費，不管是哪個選項，花費都可能超過這輛金牛座的價格。

　　我估計到時至少得貸到五千美元，才能買到我們需要的東西。當時還沒Uber服務，如果真的出狀況，我們得在最短時間內有車可用才行，壓力必然更大。因此，我那時候的結論是，如果我買了我妹妹的車，那麼這一千美元可以算是某種保險，防止日後出現更大的開銷。

　　更別說，我妹妹的金牛座是輛好車。不但定期維護，而且車況很好，如果我幾個月後想要買車，也很難找到一輛車況這麼好的車。我要是駕駛一輛十二年的泡泡金牛座，會讓我的新婚妻子更迷戀我。對吧，親愛的？

　　琳達：嗯……不予置評。親愛的。

PHOTO © LINDA LOTICH

我不覺得買下那輛車會有什麼壞處（除了琳達討厭它）。

琳達：用「討厭」這字眼也太強烈了，但⋯⋯

而且我想過了，就算幾年後不開了，我也可以用接近當初買的價格售出。因為它的折舊曲線已經非常後面（這個之後再談）。因此，我妹妹用一千美元價格把那輛傳奇的泡泡金牛座賣給了我。

猜猜怎麼了？不到幾個月，我汽車的引擎突然就炸了，維修費遠超過那整輛車的價值。於是我把那輛車賣給維修廠技師，然後開著泡泡金牛座四處跑。

真心不騙。後面有好幾年，我開著那輛泡泡金牛座在小鎮上轉來轉去，好多女人都對我產生興趣。這是我第一次對小賈斯汀感同身受。

琳達：我注意到，上次小賈斯汀穿著的是卡駱馳的鞋子[16]。

但和賈斯汀不同的是，我得花好幾年才能存下買車的錢。等到我錢存夠後，就把那輛舊金牛座換掉，猜猜我賣了多少錢？

一千美元。嘩！

---

[16]「感受身受」在英文俚語是「in one's shose」，直譯即為「穿某人的鞋子」。

琳達：當鮑勃跟我說他要買他妹妹的金牛座時，我那時候一定說類似「這一千元就不能讓我花掉嗎」之類的話。因為我真的覺得這是浪費，我們永遠不會需要第三輛車。但當它真的派上用場時，我不得不收回我說過的話。這讓鮑勃得意得很！

對汽車愛好者來講，可能不喜歡開這麼舊的車，但對我來講，車子只是從一個地點到另一個地點的交通工具。所以駕駛一輛泡泡金牛座只是一種手段。在不太在意的事情上盡量少花錢，這樣就能像上一章❶那樣，把錢花在自己真正關心的事物上。

你知道嗎？我開了那輛泡泡金牛座四年多，還不需要付車貸，而且賣出去的價格跟買的時候一樣。如果理財可以像運動比賽一樣，有精采重播片段，那麼這個例子一定會被收錄！我知道這個例子很極端，但這傳達了一個重要的觀念：利用折舊曲線可以幫我們省下不少錢。

迷思：只有新車才可靠

　　我小時候覺得，車子只要行駛了十萬英里就必須換新，不然它會變成一顆不定時炸彈，隨時拋錨在路邊準備大修。汽車相關的記者，道格・德穆羅打破這個迷思：「六〇年代和七〇年代，人們不認為汽車可以行駛超過十萬英里。就算

---

❶ 如同我所說的，這不僅僅是理論，我身體力行。

到了八〇年代九〇年代，車子製造技術已經進步許多，許多購車者仍記得這十萬英里的限制。大約在十年前，大家才意識到，車子如果保養得好，可以行駛超過二十萬英里，有的還可以行駛三十萬英里。」[1]

結婚後，我們的本田Fit（它的引擎跟台割草機差不多大）開了超過十五萬英里，也沒出問題。我相信，不管是誰來開，那輛車都能跑二十萬英里以上。

我們之所以把那輛車換掉，是為了配合家庭需要，換了一輛本田Pilot。在迎接家中新生命到來之前，這輛車也開了二十五萬英里。引擎和變速箱上從沒有出現重大的問題。如果你買了一輛可靠的車（這點很重要），並合理的保養，要開超過十萬英里不是什麼問題。

以下幾點認知，讓我擺脫每隔兩三年就會想換新車的想法——

1. 現今汽車不太可能讓你突然在路邊拋錨[2]。如今的造車技術遠比以前進步。雖然進步意味著更複雜，但事實上，它不太會讓你困在路邊。

2. 我們有手機。沒有人想在路邊拋錨，但對我們百分之九十九的人來講，遠沒有五十年前那麼可怕。以前你非得到路上向路過的車招手，或是走到陌生人家中借電話。

3. 現在有Uber。就算找不到朋友來接你，也能在十分鐘左右就叫得到Uber司機。

我們很幸運生活在二十一世紀，開二手車的風險已經不像幾十年前那麼大了。但很多人仍然因為父母那一輩對汽車故障的恐懼，而做出了買車的決定。

大多數人不想開一輛破車，但好消息是，你不需要每兩三年就換一輛新的。你如果開始去找，會發現有很多開了五到十年的車仍然車況很好，並且非常可靠，而且只需新車四分之一的價格。

　　對大多數人來講，買車心態的改變，會是最好的省錢策略。如果長年駕駛一輛可靠的汽車，能破除每兩三年就要換新車的習慣，那麼每年會輕鬆省下數千美元。

折舊曲線

　　也許有人是第一次聽到這個名詞，我稍微解釋一下：折舊就是一件東西的價值，會隨著時間推移而減少。你知道嗎？大家都說一輛新車在開出停車場的那一刻，就已經貶值了一千多美元。這就是折舊，我的朋友。

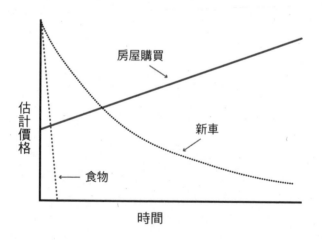

你可以把它當作是一個無形的殺手，侵蝕著我們大多數東西的價值。

比方說，你去一家餐廳，點了魚類塔可餅，價值十五美元，這點無庸置疑，因為你確實付了錢。那在你狼吞虎嚥之後，它們又值多少錢？

零元，對吧？很可惜，吃掉後沒辦法再吃，除非你又買一份。一旦被吃掉，它就失去所有價值。

再來，如果你買了一輛兩萬美元的新車，想要明天就轉手出售，要是能賣個一萬九千美元就不錯了。三年後它可能只值一萬兩千美元。會慢慢像我那輛泡泡金牛座，它貶值速度非常慢，慢到有機會以同樣的二手價再次售出。

然後我們假設你買了一棟房子。雖然房地產不一定會升值，也是有下跌的時候，但一般來講它都會往上漲。

問題是，在任何物品上花的每一分錢，經過一個月、一年、十年後，它的價值會有很大不同。少把錢花在會貶值的物品上，讓多的錢投入在會升值的物品上。這就是增加我們AUM，並變得富有的關鍵。

> 避開會快速貶值的物品以節省金錢，相對就更有機會投資在可增值的產品上——這是增加我們AUM並累積財富的關鍵。

意識到這一點非常重要。這樣你就能把這規則納入你的購買決策中。所以我腦海裡反覆會問一個問題：「這東西一年後會值多少？」就說吧，我就說我是個怪人。好消息是，就算你是個月光族，也可以開始如此自問，並優先處理支出的問題。

對我們大多數中低階層的人來講，我們沒辦法把錢投入房地產或是能增值的投資上。但我們的確有辦法買一些折舊較慢的東西，這是增加 AUM 最簡單也最有效的方式之一。

琳達：再次強調，不是要你永遠不買會貶值的東西。這太不切實際，也太瘋狂！消費是無法避免的，只是在情況許可時，我們盡量選較慢貶值的東西。只要這樣做，就等於把錢存在我們未來的口袋裡，也許當下可能沒有立竿見影的效果，但未來一定會有回報；會很值得。

先別把書扔了，我沒跟你說只能買二手貨，不是這個意思。我是為了要讓你了解怎麼利用折舊曲線發揮優勢，並考慮你的消費。還有一種方法，是考慮它的總體價值，而非價格。

考慮總體價值而不是價格

我關注一件商品的價格時，我們傾向短期思考；另一方面，當我們看重它的總體價值時，我們傾向長期規劃。我們會超越表面，看到它的未來價值。

當然，這代表在初期會投入更多。比方說，十五年來我都只使用蘋果的產品。它們通常更可靠，而且我真正感興趣的是，他們比其他競爭對手更能保值。

所以，就算我手機、電腦或是手錶要換新時，相比其他產品而言，更能賣出不錯的價格。

洞悉小語

購買熱門品牌二手商品可以找到非常超值的好東西。在許多情況下，你能夠以遠低於雜牌新品的價格購買到更好更棒的產品。此外，通常知名品牌的產品會比一般品牌更加保值，幾年後它的價格依然較高。

如何了解何種商品貶值得較慢？

折舊資料通常不容易取得，所以我了解物品長期價值（也就是它的折舊速度是否比其他物品慢）的方法之一，就是去查看eBay。它是世界上最大的二手商品市場，可以看到很多商品目前的真實價值，以下是如何確定特定物品價格的方法：

1. 打開ebay.com
2. 點擊「進階搜尋」
3. 勾選「已出售清單」的選項
4. 搜尋商品

在這裡你可以看到某件商品近期出售的真實價格，你可以滾動滑鼠瀏覽，迅速瀏覽知道它到底值多少錢。這幾乎適用於任何你想像得到的東西，雖然也有例外，但這的確是你能找到物品真正價值的最好方法。

考慮「總體價值」的方式可以應用在各個領域，但影響力最大的會是汽車。好在，這方面的資訊已經查得到，而且可以在網路上免費獲得，Edmunds.com，裡面查得到車子的「總體擁有成本」（Total Cost of Ownership），又叫TOC。

TOC包括折舊、保險費、維護和維修成本、稅務和燃料成本。所有這些資料都用數字表示，可以方便同時比較三、四輛車。

例如，如果你要比較二〇二〇年的福特Fusion和二〇二〇年的本田Civic，從表面上看，它們的成本是差不多。然而，當你看TOC的數字時，會有3,841美元的差異。通過這一分析，我們可以看到未來五年內，擁有Civic將比擁有Fusion便宜3,841美元[3]。

如果各比較項目的結果很接近，我不知如何選擇，我會選擇在未來幾年能幫我省下3,841元的車[18]。

洞悉小語

截至本文撰寫時，Toyota、Lexus、Subaru和Honda等品牌的車輛通常比其他車更保值。可能在購買時會付出較高的成本，但當您要出售這輛車時，很可能能夠更快速地出售並以相對較高的價格售出，優於其他車輛。

---

[18] 下次你買車時，可以到edmunds.com/tco.html進行比較。

2020Fusion SE 四門轎車 （1.5L 4cyl Turbo6A）		2020Civic Sport 四門轎車 （2.0L 4cyl CVT）	
保險	$3,941	保險	$4,000
保養	$3,509	保養	$3,394
維修	$792	維修	$612
稅務	$1,860	稅務	$1,624
可抵壓貸款	$4,176	可抵壓貸款	$4,154
貶值	$11,909	貶值	$9,486
油耗	$5,904	油耗	$4,980
車主真實成本	**$32,091**	**車主真實成本**	**$28,250**
購買價	**$22,970**	**購買價**	**$22,851**

不是每個決定都得從理財角度切入

　　值得一提的是，錢不是購買的唯一考慮因素。花錢去度假的話，金錢很快就會歸零，但能得到休息和並創造美好回憶，仍然是值得考慮的因素。

　　或者就以讀書而言（就像這本），價值並不是在實際的物品上，而在於它可以讓你產生改變。對我來說，許多書對我產生的影響，遠勝過它的價值。希望這本書對你也有這樣的效果。

琳達：你想知道我第一次讀這一章時想了什麼嗎？折舊資產很有趣！這是真的。它們確實可以讓生活變得好玩，也許這種樂趣可能有點蠢。但抓到平衡很重要：不浪費的同時又能

享受生活。視你性格而定，可能會需要多注意其中一方。以我來說，我需要提醒自己不要浪費錢，而鮑勃則需要多鼓勵他一些，他才能稍微享受生活。這一定是為什麼上帝知道我們需要彼此的原因。我們是天生一對（說出電影名吧！）[⑩]。

額外加分：購買會增值的東西

我學到最重要的理財經驗之一：每一元的花費，其價值都會隨時間減少。這很明顯也很好懂。也因此很少人能從這經驗有深刻的體會，並學會怎麼用錢。

本章大部分時間我們都在關注汽車、電子產品和食品那些價值會下降的東西。人們很容易忽視，減少折舊可以讓理財有巨大的進步。

但如果你想看到AUM的數字往上增長，就得開始把錢投在那些根本不會貶值的地方，而且它們還會隨著時間過去慢慢增值。以下是幾個方法：

- 每月償還比約定金額更多的抵押貸款
- 提撥至401(k)、403(b)、羅斯IRA退休帳戶
- 投資眾籌房地產[⑪]
- 投資指數基金、共同基金、權值股或債券。
- 直接把錢存到儲蓄帳戶也可以

　　許多人會認為這些小步驟微不足道。千萬別這麼想，我喜歡撒迦利亞書的說法：「不要輕視這微不足道的開始，上主喜歡看到所羅巴伯的手拿準繩，開始動工。」[4]所以每當你花費一美元時，開始問這會在一年後保有多少價值？通過養成這種習慣，會開始看到自己花了多少錢在那些讓你越來越窮的東西上。還要記住，即使不能花錢在能夠增值的事物上，也要購買一些折舊較慢的東西。

---

[19] 這裡有沒有《西雅圖夜未眠》的粉絲？

[20] 是指通過眾籌方式來籌集資金進行房地產投資的模式。眾籌是指通過大量的個人或機構以較小的金額集資，以實現共同的目標。在眾籌房地產的情景下，投資者可以以相對較小的金額參與房地產投資項目，並分享相應的收益或風險。

第十章

我們都是秘密試驗
的一部分

　　想像一下，你離開家，開車去一家古色古香的咖啡館。有人在門口迎接你；然後你坐下來，翻開菜單裡面有四項商品。是的，只有四項。而且四項中，你只能選擇一個。

　　現在再想像一下，有間吃到飽的自助餐。你想吃多少就拿多少。在你的視線所及之處，能想像到的每一種食物都在眼前。哦，如果你想要的話，它還可以外送到你的家裡，你甚至不需要開車出門去取餐。

　　這基本上就是一九五〇年代後，信用卡發明後的事。原本消費者用賒帳方式只能買相對有限的商品，後來變成用信用卡得以購買任何想要的東西。就像是吃到飽自助餐，最後你會吃得太多，而這後果也可想而知，對吧？

　　過去六十多年裡，我一直說我們是快速信用貸款的實驗老鼠，這實驗極為有效地阻止我們在財務上量入為出的能力。

實驗結果

我們所熟知的第一張信用卡在一九五〇年代末問世，雖然信用和債務的概念已經存在了數千年，但信用卡的出現改變了一切[1]。在此之前，人們會借錢買房、買車，或者馬。但是信用消費是有限制的，只有特定商品，商家才會願意讓你用貸款的方式購買。

但在一九五〇年代，銀行開始某種實驗，他們問：「如果可以借錢給人，讓他們買任何他們想要的東西會怎樣？」

現在就來看看會怎樣。

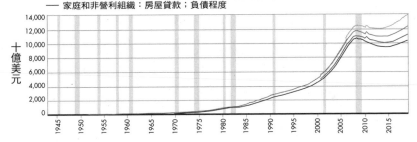

美國消費者從一九五〇年代的家庭債務幾乎為零，到二〇二一年超過十四兆美元[2]。一時興起，十四兆寫出來大概是這樣子：

$14,000,000,000,000

短短幾代的時間，基本上美國從沒有家庭債務變成了這個樣子。

隨之而來的謊言

我們就寬鬆貸款整個實驗來看，無論如何，它對銀行而言已經取得了巨大的成功。信用卡是實驗中的關鍵，很容易會被人視為最具破壞性的環節。

但我不覺得它最具破壞性。這實驗最有破壞力的地方隱藏得非常隱密：讓人視債務為常態。這是二十一世紀所有人習以為常的事情。這一觀點普遍被美國人接受，所以百分之八十六的千禧年出生的人，都有債務。[3]

這個簡單小謊言的危險之處在於：負有債務是正常的——每個人都有——而且成為必然的存在。於是背負龐大債務成了二十一世紀唯一的生活方式；這絕不會是上帝要我們過的生活。

琳達： 我會在「債務為常態」的基礎上多加一個「形象就是一切」。我們總覺得自己應該擁有最新最好的東西，因為別人也都這樣。

幾年前，我和妹妹一起購物時，她看到喜歡的東西。身為血拼達人的我（真的，我有證據），第一個反應就是：「哦，妳應該買下來！去穿穿看！」

然後她回應說：「好吧，但今天不要。」我以為她手頭很緊，所以當她拒絕後我感到同情，並告訴她我很抱歉。

她聳聳肩，「呃，不管買不買，我還是我。」

我睜大了眼睛，心想：是啊，不管買不買，她還是

她！

　　這對話滲透進我生命中。多年後的今天，我重複這些話，提醒自己，我並不是擁有物的加總，我的價值體現在其他地方。

　　如果我想從新的衣櫃、新的科技產品或是其他什麼東西裡尋找我的價值，那永遠都不可能滿意。但當我被大家認識，並沉浸在愛當中時，那麼新襯衫買不買並不重要。消費只是為了好玩，而不是為了被認可。

另一位「主人」

　　耶穌來到這個世上，不是為了讓我們擺脫罪的束縛後，又被另一個叫做「債務」的主人奴役。

　　作家克雷格・希爾是這麼解釋的：

> 　　如果上帝親自現身在我們教會中，並要求我們全體成員參與集會，並資助一項計畫，結果大多數的人都無法參與——因為他們這個月的所有現金已經拿去償還債務，因此無法遵從主的旨意。他們還有許多其他的「主人」要優先滿足。[4]

　　當我們成為債務的奴隸時，就不能完全自由地跟隨上帝的領導。債務往往會阻礙我們服務上帝。

　　我的牧師朋友講過一個故事，他的教會有一位會眾，受到神

的感召要來教會工作，他們對此都樂見其成，但我朋友跟他說教會的標準薪水時，那位會眾哭了出來。他說他欠下多少債務每個月都得償還，計算後發現他沒辦法縮減薪水，以呼應神的召喚來教會傳道。

> 耶穌來到這個世上，不是為了讓我們擺脫罪的束縛後又被另一個叫做「債務」的主人奴役。

我聽過許多類似的故事，當人們被真正的主人召喚時，卻因為欠了太多的債，而有了另外的「主人」，讓他們無法回應神的召喚。

問題的根源

上帝無法讓你不揹債。我知道這宣稱聽起來很冒失，但除非祂消除我們的自由意志，不然祂根本做不到。無論上帝把我們從債務中救出來多少次，但因為人有自由意志，我們總會回到舊習慣中，花費超過我們所擁有的，然後馬上再次欠債。我們必須在根本上解決債務問題，這樣才能離開這陷阱，不重蹈覆轍。

你有見過誰祈禱要減掉二十磅，然後隔天一覺醒來就輕了二十磅的？我也沒見過。上帝能讓它發生嗎？當然能，但我想我們都知道，祂更傾向幫助想要減肥的人，用改變生活習慣的方式瘦身。

雖然你可能發現信箱裡出現了一張能清償所有債務的支票（我真的希望可以這樣！），但我覺得，上帝更有可能幫助你改善你的生活方式，來幫你擺脫債務。

裝滿秘密的盒子

　　琳達答應我的，求婚不久後，我們開誠布公，坐下來好好談談我們的財務狀況；然後她遞給我一個鞋盒。那個時候我們理財都很隨便，不知道她的狀況有多糟，也不知道那牢牢蓋著的盒子裡裝了什麼。

　　裡面會是什麼？會不會裝了滿滿一百美元的鈔票？她是不是要跟我說：「寶貝，這是我的嫁妝，你想去哪裡度蜜月？」

　　或是裡面是一隻小狗？那也很好玩。應該吧。

　　當我打開蓋子時，我看到一堆信封。開始沒那麼好玩了，我進一步檢查，發現上面都有信用卡發卡單位的字樣：花旗銀行、發現金融卡、大通銀行。這和滿滿一大盒的百元美鈔剛好相反。於是我們第一次開始認真對待金錢，各自分享藏在衣櫃裡（或是鞋盒裡）的難言之隱。

　　在那次無所不包的對談中，我們都表示會將彼此的債務帶入婚姻裡，然後承諾，作為一個團隊，要一起償還這些債務。這不再是她的或我的債務，而是我們的債務。

　　琳達：這是我在財務問題上第一次學會不要有罪惡感。我很羞愧，自己的財務狀況竟然這麼糟，也就不敢讓鮑勃知道這些爛攤子。但我對他坦白後我發現，就算他嘲笑我這種鞋盒式的「檔案系統」，但我並不孤單，我們可以一起攜手解決這個問題。我感到非常欣慰，因為不再被恥辱支配，可以在愛中自由向前。

滾雪球還債

面對龐大的債務可能會感到困難，心理上容易被壓垮。儘管有時看似無法逾越。但有了上帝的恩典，我們可以克服任何障礙，包括龐大的債務。其中一個最實用的償還債務方法，也是我推薦的方法，叫「滾雪球還債」。

簡單來說，就是按照債務餘額從小到大的順序償還債務，而不是按照利率從高到低的順序。像我這樣的數字控，先償還高利率貸款似乎比較理智。但是債務雪球法優先考慮「里程碑」的進展。而且也有研究證明，這種方法的有效性超過其他方法[5]。

慶祝你還債後的第一個里程碑，會有一種美妙的感覺——償還第一筆債務會讓人無比興奮！但如果你專注於最高利率的債務，可能需要許多個月甚至多年才能完成第一個里程碑。如果缺乏一些有形的鼓勵，你的耐心能持續繼續那麼長的時間嗎？我們當時絕對沒有！但是通過優先考慮「里程碑」的方式，不管是再小的目標，都會讓你自我鼓舞。

實行滾雪球還債法，你得對你每項債務都得支付最低還款額度；但要把所有最小額度的債務挑出來（這裡我們稱之為債務A），針對債務A，我們不是只還最低額度，而是盡可能全額付清，等前債還完後，再還清下一個最小額度的債務，以此類推，直到所有債務都付清。你每還完一個債務項目，還款的動機就會變大，動力像滾雪球一樣不斷增加，所以叫做「滾雪球還債」。

假設你每個月有三百美元的額外資金可供償付債務⋯⋯

負債	結餘	最小還款金額	本月付多少？
負債 A	$1,000	$100	100+300=$400
負債 B	$4,000	$250	$250
負債 C	$3,000	$50	$50

一旦清償完債務 A，就著手償還債務 C。

負債	結餘	最小還款金額	本月付多少？
負債 A	$0	$0	$0
負債 B	$4,000	$250	$250
負債 C	$3,000	$50	50+100+300=$450

我們最大的動力

透過這次的「鞋盒對話」，我們發現我們每個月要支付信用卡公司數百美元的利息。就像某位教會會眾因為債務問題而無法為教會工作一樣，我們也發現自己無法付諸行動在想要的奉獻和事業上。我們就算想要付出，也會被「另一個主人」所束縛。

其中每個月的數百元的利息，都是因為多年前的消費（而且我們還忘記到底買了什麼）。因此，我們只能捐出約十美元，去幫助眼前需要幫助的人。這非常令人沮喪，因為我們希望通過付

出來影響這個世界，這是神賜予我們的職責。

我們發現，要是能償還信用卡債務，那每月可能立即省下數百美元。這讓我們非常激動。如此一來，與其讓這數百美元流向我們並不關心的萬事達卡公司，不如流向我們關心並且永遠會有意義的事業上。而且完全不會影響我們的個人花費。

這個發現改變了一切。

想像一下，沒有債務的生活；想像一下，每個月多出數百美元的收入，你會用它做什麼？每個月多出三百美元，你會怎麼做？如果是五百美元呢？是一千美元呢？

詢問自己這個問題很重要，因為你會從另一個角度看債務，它會讓你在清償債務的過程中充滿動力。

我期望你能在財務上充分自由，這樣當神要引導你，讓你去創業、去傳教、去奉獻或是做其他任何事情的時候，你能夠隨時準備好，並且跟隨神的安排。

第十一章

我們駕馭信用卡的三條規則

信用卡就像鏈鋸，是一種非常危險的電動工具，每年傷害人數眾多。但當我需要砍一棵大樹時，我能負責任地妥善使用，如此一來它便能帶來不少好處。就像大多數的工具一樣，正確使用當然有益，但若是輕忽，便會帶來傷害。

我會把自己的鏈鋸隨意借人，也不問他是否知道怎麼好好使用？根本不可能。那麼對信用卡的態度也應如此。

信用卡帶來的傷害，使人們容易覺得它就是壞東西。但其實它並不比抵押貸款公司、信用合作社、學生貸款更邪惡[21]。它們只是現代貸款工具的其中一種，如果要使用它，就得用得聰明。

當你使用任何工具（包括鏈鋸），目的都是為了改善生活，而不是造成傷害。要是你能用信用卡改善自己的財務狀況，那就繼續聰明地使用；如果不行，那就丟掉它，換另一種工具。

要是你選擇用信用卡，那我建議你遵循我們家的三條規則，這能看出你是否有辦法負責地使用。

---

[21] 我從讀者分享的故事中發現，學生貸款對我們這一代人的財務威脅比信用卡還大。

琳達： 我曾聽過歌手潔絲‧康諾利說過，她有些特殊嗜好，因此沒有辦法替上帝的奇蹟騰出空間。我們沒有規則地使用信用卡也一樣。對於許多人來說，過度消費已成為一種嗜好和習慣。當我們需要額外的錢時，我們就用信用卡刷，並開始將信仰放在信用卡上，而不是神！但如果我們在信用卡使用上設定一些嚴格的規則，會發生什麼事呢？當我們對自己有所限制時，是否有機會看到神在我們的財務中，正在發揮祂無限制的神力創造奇蹟？

我們的三條規則

我們使用簽帳金融卡來支付日常生活開支。但每個月也會以負責的態度使用信用卡。

也因此，我們已經百分之百沒有任何債務（房貸也已還清），我的目標是在未來的生活中，永遠不支付任何一分利息。這些規則有助於確保我實現這個目標，同時也享受到信用卡提供的某些好處。

1. 不要在「隨意的消費」上使用它

事實上，使用信用卡消費很可能會花費比使用現金買東西還要多。防止這種情況發生的方法是建立一個系統，以確保你不會超支。

我們避免使用信用卡來支付「隨意的消費」，這種隨意性，

會讓我們的花費不知不覺就超出預算。在我們家中，所謂的隨意的消費包括外出用餐、琳達購買服飾、我在家居裝修設備店的消費、日常雜貨和家庭用品等。

另一方面，所謂的「非隨意消費」，指的像是：網路費、保險費、水電費等等。以這種方式使用信用卡，就能控制好支出，不會受到額外的消費誘惑。

洞悉小語

如果替水電費這類公用開支建立預算，你會發現每個月裡，大多數非自由支配的支出大致相同。這樣一來，要從銀行自動使用信用卡支付每月款項，會變得非常容易安排。

---

2. 每期信用卡帳單都要結清，不要有未結清餘額

防身術裡有一個規則，要贏得戰鬥最好的方法就是盡一切努力避開衝突。如果你很難每期都還清信用卡，那就避開它。使用簽帳金融卡，把信用卡藏在衣櫃之類的地方。如果還是會受到誘惑，那就把它扔到碎紙機裡！琳達和我結婚時就是這麼做的。當時還沒有第一條規則，控制不住支出。所以我們取消了所有信用卡。用現金和簽帳金融卡支付一切費用。我們連續七年沒有使用信用卡。

在我們的財務狀況更穩定且更成熟之後，決定再試一次。但在開立信用卡帳戶之前，達成了一個協議：如果我們有一次無法全額償還信用卡費用，就會關閉帳戶。協議成立後，我們才申請

了一張消費回饋很棒的信用卡。而這也引出了第三條規則。

3. 讓你的信用卡為你服務

大多數人不明白，一張普通的回饋卡和好回饋卡之間的差距是天壤之別。這可不是兩倍的差距，而是十到五十倍。你在使用信用卡一年後，會得到五十美元的獎勵回饋還是一千六百美元之間的差別。

從現金返還到飛機哩程累積，好的回饋卡帶來的好處多多。那些認為沒什麼區別的人，只是沒有好好發掘出它的正確用法。而且大多數信用卡會提供防詐騙的防護機制，這是很好的福利。許多公司還會提供消費者額外保護，像是延長產品保固期或保險之類的。

所以，如果你要申請信用卡，可不要因為別人會發一件免費的 T 恤就申請。多做研究，找一張好的信用卡。當我在比較時，以下是我會考慮的點：

- **年費**：在相同條件下，我寧可選不收年費的，但某些有年費的卡會有優渥的獎勵，值得那九十九元的年費。
- **年利率**：一般來講，越低越好，但要是你遵守我們「刷卡都要結清」的規則，就無所謂，因為你不會有欠款。此外，有些卡對新辦用戶一開始會有額外的年利率優待（像是第一年年利率為 0%），有時也會有信用卡餘額代償服務。

- **餘額代償費（或帳務管理費）**：這是將舊卡卡債轉移到新信用卡時要收的費用。假設你有一張卡債為5,000美元、年利率是24%的卡；然後你發現有另一張卡，申請餘額代償後，可以享有有十二個月免利息的優待，那麼支付3%的餘額代償費用（5,000美元×3%＝150美元），有可能是划算的。
- **收益率**：這是你獲得獎勵回饋的比率。雖然每花一美元就能累積一點積分很常見，但積分的用途差異很大。
- **開卡優惠**：許多卡會提供巨額積分（我見過最高有十萬積分的）。但這積分條件會有消費要求（像是在三個月內，信用卡消費超過2,000美元）。我們曾用這些積分，在酒店住宿了十天，這些優待有很大的潛在好處。

值得一提的細節

你不一定非建立個人信用不可

雖然每個月還清信用卡可以累積個人信用，但這並不是唯一的方式。透過支付學生貸款、車貸、信貸、房屋租金，甚至是水電費，都能累積你個人信用。

可以不用信用卡租車

以前能用簽帳金融卡租車的公司十分稀少，只能用信用卡。好在現在已經不同，幾乎所有租車公司都能使用簽帳金融卡。

緊急情況也不需要用信用卡

我知道這樣說有點武斷。但這也是為什麼許多理財顧問（包括我）都建議要存緊急儲蓄金的原因。緊急狀況發生時，用現金支付比舉債支付有趣得多（好吧，這事情本身不算「有趣」，但就相對性來講可以說是「有趣」）。

先存個500～2,000美元的急用金是個不錯的開始。但請記住，緊急狀況發生時，不要動用你的儲蓄或信用卡。而是先面對上帝，對你真正的主人祈禱，看祂有何安排。

馬上行動

第一部分

好吧，是時候像以利亞一樣，把斗篷塞進腰帶裡，順應本能採取行動，這樣可以替上帝的超自然力量清除阻礙。

1. 開始追蹤你的支出
（複習第53頁到62頁）

如果你還沒有開始追蹤，那今天開始就來看看你錢是怎麼花的。在寫本文之前，這個網站是個不錯的工具：personalcapital.com，我也歡迎你時不時會來這裡：seedtime.com/cashflow，看看我最新推薦的工具和教學影片。

或者，你想要的話也可以有老派一點的做法，寫下你每一筆消費。這會花點時間，但不管選什麼，都能幫助你了解自己的支出狀況。

○ 挑一個工具來追蹤你的支出。

2. 計算你的 AUM

（複習第34頁到42頁）

　　這個挑戰是關於你的受管理的資產（Assets Under Management, AUM）。

- ○ 照著第二章裡的指示，或從我們的網站（seedtime.com/aum）下載免費的表格來計算你的 AUM。

- ○ 在你日曆上設置一個提醒（或是讓 Siri、Alexa 或 Google 提醒你），每六個月更新一次，以查看你的進度。

3. 讓事情自動化

（複習第58頁到62頁）

　　利用下面空白處，列出所有可自動化的東西。我會先起個頭，促進你思考：

- ○ 使用銀行的自動繳費服務，每個月自動扣款或是捐贈。

- ○ 設定自動轉帳，每個月把錢轉到儲蓄帳戶。

- ○ 和公司的人事部合作，將你的工資一部分撥給你的退休計畫。

列好清單後，從中擇一讓它自動化，只挑一件就好。之後再回來把其他事一起自動化。但就今天來講邁出一小步就是勝利。

4. 好好肩負起責任
（複習第70頁到75頁的內容）

　　我要你誠實問自己一個問題：我管理資金的方法（預算、支出），是否真的能讓我感受到肩上的負重？失敗後是否會面臨到真實的壓力？

　　如果你有能讓你感到重擔的預算和支出計畫，並能幫你實現財務目標，那麼請在腦中跟我擊個掌，這一部分你可以直接跳過。但如果沒有，請試試「單一類別預算」的方式。

　　我們的目標，是讓你找到一個能讓你肩負責任的理財法。不管你用什麼系統，它都應該讓你更容易成功，不易失敗。

○ 確定你目前在做的事能讓你感受到責任的重量。

○ 如果沒有，那就建立一個「單一類別預算」，並讓你從中支出時會感到壓力。

5. 找到你的理由

（複習第76頁到84頁的內容）

我聽過這樣一句話：「找到活下去理由的人，幾乎可以承受任何一切事物。」[1]在理財上也一樣。我們需要有能激勵自己的充分理由，讓我們在財務上有所不同，不然一切只是空談。我說真的，設一個十五分的計時器，想像一下，主宰宇宙的上帝能在你的財務生活中做些什麼？放膽去想。

畢竟，我們事奉的是偉大的神，如果你有困難，這裡有幾個問題可以幫助你開始想：

- 你為什麼要買這本書？
- 你的財務狀況阻礙了你怎樣的夢想？
- 你希望自己的財務生活有怎樣的變化？如果永不改變，會有什麼風險？

○ 今天就弄清楚你的理由，在下面空白處寫下能驅動你的動機。

_____

_____

_____

第二部分

盡你所能地賺

在神的兒女手中，那就是飢餓者的食物、饑渴者的食水、赤身者的衣服。它給客旅和陌生人有枕首之處。有了它，我們可以使寡婦有像『夫家』、孤兒有像『父家』般的容身之所。我們也可以使受壓迫的得到庇蔭、生病的得到健康、受痛苦的得到緩解。它可以成為盲者的眼睛、跛者的雙腳：對，是離開死亡之門的升降機！

——約翰·衛斯理

我二十二歲時，在某間金融公司的總部找到一個低階職位。雖然位階低，但我設定了一個目標：十年內，在這棟摩天大廈有景觀的邊間，能有自己的辦公室。

　　對我而言，自己的辦公室若能位於大樓邊間，是典型成功的象徵。這會是我在美國企業界取得成功的證明。它對我很重要，證明我的工作成果很重要。我野心十足，但起步緩慢。

　　公司把亨利・福特那一套流水線的生產模式應用在我的部門。每個人都有自己的任務，一天工作八小時裡，日復一日，內容重複，每一分鐘我都感到痛苦。

　　我本來想，我要透過更加努力工作達成目標，而且我也很擅長此事。要是努力能被看到，會晉升到更好的職位，然後可以在十年內達成目標。

　　但接下來幾個月裡，我發現計畫有幾個重大問題。首先，這也是最痛苦的事，就是我實際上並不真的擅長我的工作。我理應每天處理四十到五十份申請文件，把資料登入到電腦。很無聊吧？才打了幾行字我就差點睡著。

　　大約只處理完三份文件，我的思緒就開始飄忽不定。想拿出手機玩幾分鐘貪食蛇，又怕被抓到；想聽酷玩樂團的最新 CD 專輯，但我把 CD 忘在車裡。專心點，鮑勃！回去工作──你還有四十二件申請要辦，然後就可以離開……就這樣一直下去。

可以的話，想像一下，讓一個三歲小孩在教堂裡坐著不動，八個小時內不發出任何噪音，那會是什麼景象？那就是我那時的狀況。

我計畫中第二個問題，我升職的競爭對手，已經做了十年，甚至二十年。他們知道如何處理各種特殊情況，而且這些情況時常發生。就像你所想的那樣，老手比菜鳥處理速度快得多，而且大多數的人不像我，不容易被新事物吸引注意力，也不會一下就分心。

所以，如果你是老闆，你會提拔誰？是那個新進來，處理速度慢又時常分心的孩子；還是那些老練的人，能應付所有狀況，而且專注高效？結果一目瞭然。

我的轉捩點

經過一年的努力和奮鬥，我終於獲得一次小小的升職。差不多那時候，我意識到，要是繼續留在這個部門，那麼能在有間邊間辦公室的機會非常渺茫。如果我想在事業上有所發展，我得找到另一個升職更多機會的部門。

好在，我商學院的學士學位快到手，只要得到這張花了五萬美元才拿到的鑲框浮雕證書，我想這應該會引起一些人的注意。人事部會不斷把更高薪的工作推到我面前。

現在我畢業了，該是我賺大錢的時候了。感覺好極了！像是一九八三年的電影《龍飛鳳舞》中的約翰・屈伏塔一樣蹦蹦跳跳，感激各部門的經理給我投遞履歷的機會。

結果，讓我感到驚恐的是，好像沒人關心我的大學學歷。我申請的每個部門都對實際經驗更感興趣。

　　我在公司內申請了許多職位都沒有成功。最後我在一個新部門找到一份工作。我看著穿著三件式西裝的常春藤聯盟大學畢業生，在豪華大廳裡走來走去。這裡看起來讓人興奮，有趣極了，而且似乎能賺大錢。沒錯，就是它了，發達的時刻。

　　起薪並不比我之前的工作好多少，基本上算同階級的薪資，讓我有點喪氣，但我保持積極樂觀。畢竟公司看起來有很大的發展空間，所以我決定堅持下去。

　　然後我很快發現，這裡並不是我預期的那樣。雖然我們都在同一層樓工作，但不同群體的機會和待遇完全不同。

　　一兩年後，我痛苦地意識到，我所在的部門幾乎沒有人能升到更高的職位。絕大部分的同事在那裡工作好多年，甚至十幾年。我被困在沒有什麼晉升空間的職位上，就像這個職位的前一任員工，升職之路是一個死胡同，而且也沒有什麼能轉換跑道的技能。更糟的是，我發現我也不擅長這份工作。

　　我感到被困住了。

　　但這一切會改變。有一天，有個完美的工作機會出現在身邊，那時我會立刻申請，薪水會暴增約百分之四十，而且升職。這是我多年來一直在禱告的事。

　　我經歷過兩次成功的面試。我認識負責招聘的經理，以前和他多次密切合作過。而且和其他應徵者相比，我受過大學教育，也有更多經驗。就我來看，我是這職位唯一的合理人選。每個指標都對我有利。我很自信，因此琳達和我已經在計畫怎麼花掉這

筆錢。

我還記得收到信時的確切時間、桌上有哪些文件、天空上有幾朵雲，然後看到老闆透過群組寄發祝賀信，說我們有一位同事得到了升職的機會。

那一個宛如慢動作的重擊，讓我跪了下來。我感覺自己像被困在荒島上，看著多年來第一次經過的飛機就這樣飛走了。

我很受打擊。

我認為這證明我註定要從事一份我討厭的工作，然後平庸地度過一生。我覺得我的禱告，對上帝的請求，都被忽視了。我每件事都做對了，但似乎沒有得到應得的後果。

我曾經多次考慮離職，但總覺得上帝希望我待在那裡不應該離開。但這完全沒有意義，就這樣又過了一年，每拖過一個月，我就感覺自己被遺忘以及陷入困境。邊間辦公室成為一個遙遠的夢想。

琳達：當你另一半失去希望時，對他抱持信心非常重要。用你的話鼓勵對方，並祈禱他能振作起來戰鬥。我記得鮑勃那時非常沮喪時，不管怎麼鼓勵都沒用。但那段期間內，我最能幫助到他的，只有為他祈禱。

我需要從職業生涯的失敗痛苦中解脫出來，我渴望有工作目標。於是我突發奇想，開了一個部落格，分享我對金錢的了解。雖然來看的人幾乎只有我媽媽和我外婆，但也給了我人生目標。

上帝的轉捩點

　　二〇〇七年的秋天，我們老闆把整個部門叫到一間很擠的辦公室開會。由於最近的部門合併，每個人都面臨被解雇的威脅。大家都在哭，當中許多人一起工作已經幾十年了。雖然我覺得自己被困住，但我還年輕，可以重新開始。但其他人要在這個城市找到另外一份工作，會非常辛苦。

　　如果我當時不是對工作已失去熱情，並疲憊不堪，我可能會因為失業而抓狂。但說真的，我不覺得有什麼可失去的。

　　為了支付帳單，我鼓起勇氣尋找任何可以找到的工作。但我心裡仍然不安，我知道有些事情不對。多次禱告後發現，上帝不希望我再去找工作。相反地，祂替我安排一條完全不同又瘋狂的道路讓我走。祂要我全職經營我剛剛起步的部落格。

　　請注意，那可是二〇〇七年。大多數人還不知道什麼是部落格，會去看的人更是少，而且寫文章的收入也不多，過去一年裡，每個禮拜我在部落格上花的時間大概是十個小時，每個小時大概只能讓我賺兩美元。更糟的是，琳達的工作薪水也很低，我們還累積了四萬六千美元的消費債務，這只會有更大的壓力，祢確定要這麼做，上帝？

　　我常常在想，當摩西舉起手杖要分開紅海的時候，不知道他有什麼感覺，他是否也會想著：祢確定，上帝？祢要我用棍子指著大海，然後它就會自動開出一條路？雖然我不知道他感受如何，但我的神蹟出現時，對我來說這簡直是不可思議。

　　但是我早就決定，不論上帝是否真的如祂所言是自有永存，

祂說的話就是祂說的話。我要不就是全心全意追隨上帝，要不就是完全放棄。我決定告訴琳達，跟她分享我感受到上帝引導的方向。我本以為她會覺得我瘋了。但出乎意料的是，琳達十分贊同。

我希望我能告訴你，自己每天都帶著約翰・屈伏塔那自信無比的步伐走在路上，相信上帝會到來。但其實我一直都在掙扎，不知道接下來會發生什麼？要如何支付房租和購買日用品？

部落格的收入少到幾乎負擔不了電費，更不用說取代平常的工作。我害怕自己會跌落谷底，擔心要是失敗了，大家會怎麼看我。

但是，當我們選擇相信上帝的時候，琳達和我抱著敬畏的心，看著祂創造一個又一個奇蹟。短短九個月，我的部落格收入就超過我之前的正職薪水。又過六個月，我部落格的生意帶來的收入是原來的兩倍，我整個人大吃一驚。

但收入只是錦上添花。這是我有生以來第一次熱愛自己的工作，從中得到快樂和滿足。從事自己天賦的工作並且樂在其中的感覺是如此陌生。這才是我得到的真正賜福。

反過來講，琳達和我也希望別人也能得到賜福。額外的收入讓我們有能力幫助我們的牧師，購買急用的車輛。在神的賜福下，許多以前夢想過的奉獻現在可以實現了。上帝放在我心中的夢想，使我全心意地追求，現在得到了回報，而且是超乎想像的豐盛。[1]

直到今天，我仍非常感謝上帝沒有回應我多年前的祈禱，讓我升職加薪。這在當時看似是最好的道路，但祂其實替我準備了

更好的東西。

* * *

經營自己的事業一兩年後，我決定不再在家辦公。我找到一個完美的地點，那裡離家夠近，騎自行車就能到；它俯瞰美麗的湖泊，裡面有所有需要的設備，應有盡有。

只剩一個辦公單位可以出租。我在停車場碰到那裡的經理，他跟我說因為老闆換人，所以有五折優惠。

我心想：哇。這也太順太巧了！他打開門帶我走到大廳：「你可以四處參觀，看完再做決定。」

我進去後感動得熱淚盈眶，那是一間在邊間角落的辦公室。

當我站在那個代表著企業界成功的象徵時，它現在代表著與之前截然不同的東西。它代表著對上帝的忠誠和恩典。我甚至不再關注邊間辦公室了。我非常高興能夠做自己熱愛的工作，這讓我感到無比的滿足。

上帝以我不太堅定的信仰和對祂的順服，實現了我的夢想。當你祈禱自己收入能增加時，也許並不容易，但要堅定追隨上帝，看看祂有什麼安排。即使你看不到，祂也做祂的事！

正確的心態

任何公式都有許多元素共同運算才會得到結果。更動公式的某一部分，會得到完全不一樣的答案。本書中的公式也是如此：

賺錢、存錢、奉獻、享受。當其中有一部分沒有發揮它的作用時，那最後結果也會截然不同。

「盡你所能地賺」的原因非常重要，我們不是為了賺錢而賺，而是為了讓神的國度能發揮最大影響力而賺。以我個人為例，我想升職的渴望被誤導了。我想要一個在邊間的辦公室，來向他人證明我的重要性。但坦白講，我很多賺錢的理由都是錯的。

但當我把注意力集中在自己應當盡力而為的真正原因時，不再追逐那邊間辦公室，上帝就在此時介入。

> **琳達：**朋友們，我很喜歡我們的故事中的這一部分。聽起來像電影！但我不希望因為它太戲劇化，而讓你忽略掉它背後真正的意義。
>
> 我認識鮑勃很長一段時間，他一直都想擁有自己的事業。原本的計畫是先在企業界升職，但當我看著他苦苦掙扎時，就知道他的天賦和才華並不適合當時的環境。我很渴望找到幫助他的方法，但是與上帝的計畫相比，我的想法太過狹窄。
>
> 我們每個人被召喚來，會在不同的位置上發揮各自的天賦。
>
> 每個人能以不同的方式運用自己的天賦。看著上帝在我們內心賜予的祝福，能夠以榮耀祂的方式在世界上發揮影響力，是件非常美妙的事。上帝充滿驚喜，你永遠不知道祂會以怎樣的方式，展現出只有祂能創造出來

的神蹟。

專注於你的賺錢召喚

「盡你所能地賺」對於不同的人，不同的人生階段都會有所不同。我知道一些牧師、全職媽媽，甚至是企業家，他們故意選擇收入較低的道路，因為他們在追隨上帝在他們生命的引導。

在神的呼喚下，我們應該問自己，我們如何善用時間和才幹？我們如何「無論做什麼，都要從心裡做，像是給主做的，不是給人做的」[2]？

對於美國企業界的人來說，這可能意味著不斷升職。對於企業主，這可能意味著提供顧客更好的服務從而增長業務。對於在家帶孩子的母親來說，這可能意味著趁著孩子午休時間，在eBay上出售舊玩具這樣簡單的事。

有些人被召喚以傳統的形式公開事奉，而有些人則被呼召從事較隱密的方式事奉形式。但都是對神的事奉。

我們每天都有事奉上帝的機會，我們都是同一個身體的不同部分，共同為同一個事業努力。你將如何管理你的時間、才能和金錢，以幫助上帝擴展祂的國度呢？

第十二章

金錢是個糟糕的主人，
卻是個出色的僕人

　　一九六二年五月，賓夕法尼亞州一個名叫森特勒利亞的小鎮
發生煤礦火災。火勢擴散到礦井隧道，由於內部一氧化碳濃度過
高，許多礦井不得不關閉。曾多次試圖滅火，但因為隧道狹窄，
而且裡面方向錯綜複雜，又危險又難以進入，故火勢繼續蔓延。

　　隨著時間過去，這個小鎮的地面變得越來越熱，有
些地方甚至高達華氏九百多度。排水口冒出濃煙，地底
下充滿了有毒瓦斯，居民們開始出現健康問題，房屋開
始傾斜。格雷格·華特在一九八一年的《人物》雜誌上
寫道：「連死者都無法安息，該鎮有兩座公墓被熊熊大
火的深淵吞噬。同一年更早的時候，還有一名十二歲的
男孩不慎掉入地下大火造成的坑洞，差點死掉。」[1]

　　最後政府官員不得不承認這場火沒辦法撲滅，最後的行動方
案是買斷所有居民的產權，然後沒收其他所有建築，讓這個地方
變成一個鬼城。

其實在今天，那場煤礦大火仍然在森特勒利亞數百英尺的地底下肆虐。專家估計這種情況還會持續一百年。

和這個對比一下，你知道森林大火平均只持續三十七天嗎？[2]那麼為什麼煤礦大火可以不受控地燃燒這麼久？是什麼使它幾乎無法熄滅？這裡有幾個關鍵的因素：

1. **難以進入。**撲滅任何野火都是一項艱鉅的任務。如果能接觸到火源會容易很多。可是在深埋地下的狹窄隧道裡，非常難以接近煤礦大火，更別說撲滅。

2. **幾乎有著無盡的燃料。**一般煤礦的煤層都很深很廣。賓夕法尼亞這個特殊礦井似乎有無窮無盡的礦藏可以助長火勢，因此，直到所有的煤料被消耗光為止，火勢不會停下。

金錢如火

我們幾千年前就會使用火。在壁爐裡燃燒的火焰可以讓我們保持溫暖，在蠟燭的燭芯上可以提供光亮。它可以很容易被控制和使用，但如果沒有適當的安全措施，也可能造成巨大的傷害。

金錢就像火一樣，是一種危險的工具。可以用來行善，也可以傷害人們。就像火一樣，金錢並沒有善良和邪惡，它無關道德。只要人們一直在使用金錢，它就可能同時被用在好的一面或壞的一面。

但是，當我們心裡一直想著金錢時，就會產生難以置信的破

壞性，不光是對我們，對身邊的人也是一樣，就像煤礦：

人的內心很難接近。事實上，連我們都不知道自己內心深處有什麼，只有上帝知道。貪婪會隱藏在陰影中，讓人難以察覺，更不用說熄滅它。

而且它還有源源不絕的燃料。《箴言》說：「陰間和滅亡永不滿足，人的眼目也是如此。」[3]我們的欲望永遠沒有極限。正如故事裡所說的那樣，就算去問有史以來地球上最富有的人之一，約翰・D・洛克斐勒，他要多少錢才夠，他的回答準確地反映了真理──「再多一點點。」[4]

當金錢不受控制，沉澱在自己心中時，就會變得危險。正如強納森・史威夫特所說的：「聰明的人應該把錢放在腦子裡，而不是心裡。」[5]然而，我們要如何讓錢遠離內心？怎麼樣像使用工具那樣使用它，使它能夠榮耀上帝的王國？

打破你對金錢的信任

我十三歲時，父母送我去夏令營。我被帶到一個高高的台子上，所有朋友以及其他同年齡層的小孩都在下面看。一旦我就定位，夏令營的老師就會要我轉身，然後往後倒。

我站在那個地方，身體所有部分都在告訴我不要往後倒。十二年來，每當我站起來的時候，身體都在盡力保持平衡不要跌倒。而現在我卻要做完全相反的事，身體的神經末梢感到矛盾，因為大腦正試圖改變它的運作方式；不光是改變，而且還是違背保護自我的反向指令。

頭腦要我不顧一切往後倒，但身體卻在反抗。我知道下面的人會抓住我。我可以理性地告訴自己，這個營地每天都在做同樣的事情，他們不可能讓我摔倒，會好好接住我的。

但是能夠對朋友表達信任的唯一方式，就是真的往後倒。我必須停止相信身體自我保護的本能，轉而相信我的朋友們。為了證明我對他們的信任，我必須不顧一切往後倒。

我們太常相信金錢可以解決所有的掙扎和痛苦。但我們這樣做的時候，我們是對金錢產生信任，而非信任自己真正的主人。聖經學者約翰·派博說：「你不能同時信任上帝和金錢，信任其中一個，就是對另一個不忠。」[6]是時候打破人們對金錢的信任了。這很簡單，就像在營地裡的信任遊戲一樣，勇敢往後倒。

我知道要切斷金錢信任的最好方法，就是奉獻付出，這是一種難以置信又有效的解藥[22]。

《馬太福音》談到一名富家子弟的故事。他遵守所有的法律，卻被對金錢的熱愛和信任所束縛。[7]這治療的方法是什麼？耶穌開出了「慷慨」的處方。

在《路加福音》中，我們看到的撒該，一位富裕，但又因貪婪而受到蔑視的稅吏長，耶穌拜訪過他[8]。我們不知道耶穌跟他說了什麼，但知道在耶穌離開後，撒該捐出一半財產給窮人。看來，耶穌為了打破撒該對金錢的熱愛，也替他開出了類似的處方。

這兩個例子中，耶穌遇到那些信任金錢而非上帝的人時，

---

[22] 這就是為什麼我公式裡的第三部分會是付出，就快談到，而且非常重要。

「付出」是最好的治療方式。

> **琳達：**我發現持續付出是切斷世俗信任最好的方式。同時提醒我們，誰才是真正的主人。

說實話，這雖然簡單，但並不容易。每次要碰到讓人感到不舒服的奉獻時，我就會變回多年前那玩信任遊戲的十三歲小男孩，在不顧一切地放手，和自我保護中間掙扎。

從六英尺高的地方摔下來，像羽毛般落在朋友溫柔的手臂中；這是我從未經歷過的事。一開始會感覺無助，失去控制，內心希望他們能夠接住我。等到他們真的接住時，我覺得非常興奮，想回到隊伍裡再來一次。

你知道嗎？每次上帝引導我，要我違背身體想自我保護的本能，開始付出時，祂總是能成功。而每一次，我都像羽毛一樣，輕輕落在祂溫柔的手中，並一再體驗到那讓人振奮的快感。就像玩那信任遊戲，馬上又想再來一次。

讓金錢成為僕人

我不認為我們中有多少人選擇當金錢的主人。當我誠實面對自己過去在工作和生活中做出的所有決定時，往往都會優先考慮財務。

這個工作是否該接受？我本該透過祈禱來尋求答案；相反地，我經常考慮的是新工作的薪水是否比現職更高，這難道不就

是把錢（而非上帝）當成自己的主人嗎？

就像你所知道的那樣，我們的社會痴迷於追逐金錢。這個世界告訴我們要不惜一切代價努力，賺取更多的金錢。在這些話語中，我們開始相信金錢是人生目標的謊言；但是上帝一直以來都告訴我們，金錢只是幫助我們在這世界上達到目的的工具。

作家克雷格‧希爾說：「當錢是人民的僕人時……他們所做的一切，是為了實踐上帝賦予他們的召喚。即上帝是他們的主人，錢就是他們的僕人，用來完成上帝對他們生命安排的目的。」[9]

> 在某個時刻，我們接受了錯誤觀念，以為金錢本身就是目標。

倘若追逐金錢，只是為了滿足個人欲望，那就會帶來麻煩；盡可能增加自己收入，背後目的應該是為了上帝。這樣上帝呼喚我們時，就能用錢去實踐祂的旨意。

賺多少錢不是重點

我經常會面對這個問題：「賺很多錢是錯的嗎？」我的回答總是一樣：「一個人賺多少錢並不是重點，內心才是重要的。」

一個會為了獲得成功而撒謊作弊的人，一旦擁有更多的錢也不會有任何榮譽；另一方面來說，一個慷慨的人如果賺了很多錢，也不會突然變得吝嗇和貪婪。

金錢只是揭示和放大了一個人內心本來就存在的東西。

作家麥克‧米卡洛維茲是這麼說的：

金錢放大你的性格，就只是這樣。

它很容易就能重複你本來就有的習慣。如果你沒有養成堅強、謙遜的性格，以及其他良好習慣，那麼越來越多財富，只會產生越來越多的問題。

例如，如果你有毒癮（這可是個壞習慣），然後你得到很多錢，你可能會嗑更多藥。金錢放大了這個壞習慣，放大了性格。

那德蕾莎修女呢？當她有更多錢會發生什麼？她會建更多的孤兒院，會把它用在自己養成的好習慣上。在這裡，金錢也放大了性格……

錢不會評斷你，只會讓你變得更加自我[10]。

旅行中補充燃料

在第二部分的最後，我會提供你很多「燃料」，以推動你在財務上持續前進。我最不希望的是在你的心中燃起那不可控制的煤礦之火。但是我確實想幫你獲得所需要的所有柴火，讓你的家庭保持溫暖，並有足夠的柴薪與他人分享，以彰顯神的榮耀。

雖然我不了解你的內心，但上帝知道，而且能幫助我們把心放在正確的地方。所以，讓我們為今後的旅程做好準備。在我們進一步討論之前，請和我一起禱告。

神啊，就像祢對大衛那樣，求祢鑒察我，知道我的心思，試煉我，知道我的意念，看在我裡面有什麼惡行

沒有，引導我走永生的道路。[11]

　　我選擇去認明生命真正的主人是祢，金錢將成為我此生的僕人和工具，用來實踐祢為我安排的天職。

　　願我永遠信任祢，無論我銀行帳戶金額多寡、無論是困難或是富裕，請幫助我，始終意識到祢是我所有需求的提供者。[12]

　　願我滿足、感激並意識到祢給我的賜福。我祈禱，就像保羅一樣，能學會在任何境遇都能滿足的秘密。[13]

　　我祈禱祢為每項善事提供豐富的資源，求祢賜予我智慧，來管理祢所託付給我的一切[14]。

　　以耶穌之名，

　　阿門。

第十三章

在數位時代賺取更多財富
的四個關鍵

「你們一週行房幾次？」

我轉向琳達問：「我們有必要回答這個問題嗎？」

我們得回答，除此之外還有其他許多超私人的問題，而且會讓許多陌生人看到。晚上九點四十五分，我坐在廚房桌子旁，盯著一大堆文件，決定今晚不再回答任何問題。

當時正在領養我們第一個孩子，這過程讓人尷尬，需要放下很多堅持。這和傳統生育方式不同，你得具體通過一連串測試，以確保你有資格能撫養小孩。

> **琳達**：我們不後悔，收養孩子是我們參與過最美麗的事情之一。每個尷尬的問題、乏味的表格和測試，都比不上我們對孩子到來的感激之情。

當我們費力地在成堆文件裡埋首後，發現自己不得不雇請兩名專業的收養律師。是兩名，而不是一名（每個州一名）。那時的律師費，每小時至少四百美元起跳。

我那時心想：什麼？現在我得放棄財務控制了？

因為不會知道他們工作會花幾個小時，所以，我無法控制自己會付多少錢出去，但我別無選擇。律師費還是得付。震驚和焦慮之後是好奇：為什麼他們能收高達每個小時四百美元的費用？而且人們還願意支付？

我上一份公司工作，每個小時才賺十七美元。就連要求老闆幫我每小時加薪兩元都不容易。我和律師到底差在哪？

雖然背後一定有各種原因，但最大的區別是，律師沒有可替代性，但我有。

琳達：事實證明，收養相關的律師不可或缺，因為他們高度專業化。在保護兒童方面有很多事需要了解，而且各州法律也不同。國際收養也有各國自訂的標準和法律。

一般來講，作為雇員、自由業者、企業主，你提供的服務或產品的「不可替代性程度」會跟你的收入成正比。如果你想賺更多錢，那麼你的產品跟服務需要更具備不可替代性。

這就是為什麼你永遠都不可能找到無需工作經驗的合法高薪工作。這是基本的供給與需求。無經驗者數以百萬，不需要高薪聘請。另外一方面，高度專業的收養領域律師非常稀少。（我們州內少得可憐），當你需要他的時候，你就得支付高價。

我對時薪有四百美元的律師好奇，於是開始調查對比低薪工作，那些其他高收入是否有相同之處。當我深入調查時，發現這

些收入可觀的人有四個關鍵共同點：

- 他們在自己的熱情和使命下努力工作。
- 他們不斷學習和磨練專業能力。
- 他們能解決重要問題，讓某些情況變得更好。
- 他們在需求量大的地方開展業務。

雖然有很多其他無法控制的因素在作用，但我收到一些最好的職業建議：專注於能控制的事，其他就不要管。

當然，凡事都有例外，但在大多數情況下，高收入者往往有許多相同的特徵。你擁有這些特徵越多，那麼成為不可或缺的人的可能性就越大，而且會有可觀收入。

這些關鍵點如何作用

我的妹夫湯姆・比爾斯是一名製琴師。他製造的吉他不是普通的吉他，是超高級訂製吉他，價錢比大多數人開的車還貴。他是世界上製作技術最好的人之一，而且他從事這行已經二十幾年了。

他從很久以前就已經把握前兩個關鍵。他對製造偉大的吉他有無比的熱情，在他職業生涯中，一直在尋找大師級的製琴師，並且從旁學習，他一直在精進自己的技藝。

雖然他的一把吉他售價超過兩萬五千美元，可是每年能製造的數量很少，因此利潤相對不大，這可能會讓他難以謀生。而且

高級吉他的市場是一個善變的市場，隨著經濟週期變化，這樣的需求很可能在一夜之間就發生鉅變。

但是幾年前，湯姆發現他一直忽視某個東西的需求，而且也跟他的天賦和熱情有關。多年來他一直收到初階吉他製造商的電子郵件，所有人都向他請教製琴技巧。他突然發現，他可以透過創建線上課程，分享出知識和技巧，來彌補收入。

現在，他正在教新的製琴師怎麼製作吉他，並和世界各地的學生分享他的生意策略。他的培訓課已經爆炸性地廣為流行，快速成為他主要收入來源。當我們用前面四個關鍵來看湯姆時，我們發現他滿足了所有條件：

- 他對從事的工作充滿熱情。
- 他精進自己的知識和技術。
- 他教新的製琴師一個更好、更方便的吉他製作方法。
- 他找到對他需求最大的市場。

如果你目前的工作都沒有這些關鍵怎麼辦？那也沒關係，你不需要很完美都擁有這四項，但是這些關鍵越能一起作用，效果越好。你會讓自己變得不可替代，會增加你十年之後的收入潛力。

通往卓越的兩條路

著名《呆伯特》漫畫家，史考特・亞當斯曾說過，要成就非凡有兩條路：

一、在特定事情做到最好的人。
二、在兩件或多件事情上做得非常出色（前25%）。

想想進入NBA，或是寫一首能被葛萊美提名的歌曲，或是寫出一個會被Google收購的應用程式，因此亞當斯認為第一條路非常困難。在我相對較短的職業生涯中，幾乎所有失敗，都來自於我想嘗試在可能性非常小的事情上做到最好。

但第二條路容易得多，亞當斯是這麼解釋的：

> 每個人至少都有幾個擅長的領域，只要稍加努力就能進入前百分之二十五。以我來講，我可以畫得比大多數人更好，但我無法成為一位藝術家。我沒有那些脫口秀演員幽默，但我又比大多數人幽默。真正神奇的，是很少人能夠又會畫畫又會講笑話。正是這兩者的結合讓我的工作內容變得如此稀有。再加上我在職場上打滾過，我便突然找到了創作的主題。漫畫家很難在缺乏相關生活經驗背景的情況下發揮[1]。

從我職業生涯的後期，到經營部落格的過渡期，我發現自己也有一種獨特的技能組合。關於理財，我並非無所不知，但我知道的比大多數人都多；我也不是最好的作家，但比一般人擅長寫作；我不是最好的行銷人員，但我有這方面

的天賦，雖然這些領域中，我都沒辦法擠進前百分之一，但這三種「漂亮商品」的組合，讓我有了競爭優勢，使我得以有健康的全職生活。也能讓我們有個家；不至於挨餓受凍，還能讓琳達開心。對吧，親愛的？

琳達：我不喜歡露宿或露營，我就是你們說的「喜歡宅在家」的那種人。

所以，要是你無法在特定的事情上做到最好，那麼就想辦法在兩件或多件事情上表現出色，讓自己與眾不同。

第十四章

天職與熱情：
魚不會爬樹

　　好好思考這句話：感謝祢，將我造得如此精巧！我深知祢的技藝非凡無比。[1]和你的兄弟、母親、Instagram的朋友、伊隆·馬斯克，或是其他看似擁有一切的人相比，你並不是次等的創造物。

　　上帝完全按照祂想要的方式創造了你，這是為了一個極為重要的目的。我們每個人都被賦予獨特的能力來服務他人，並對世界產生影響。上帝不會犯錯，我再強調一遍，上帝不會犯錯。

　　但這個世界欺騙了我們，讓我們去玩一個相互比較的遊戲。在這個遊戲中，有等級制度和方法，來量化我們在社會中的自我價值和價值。我們在這個系統中根據大學入學分數、成績、職稱、淨資產和其他幾十個人為創造的衡量標準來分配位置。可悲的是，我們許多人從這些謊言中，計算出關於自己的價值和其他人的價值。

　　上帝用祂的形象創造出人類，造就如此驚人的複雜性。為什麼我們會把自己（或是他人）的價值建立在一些人為的衡量標準上？當我們考慮到個人天賦的廣度時，我會想起艾伯特·愛因斯

坦的名言：「每個人都是天才，但如果你靠爬樹的本領評斷一隻魚，那隻魚會一輩子相信自己很笨。」[2]

我時常覺得自己像一隻想要爬樹的魚，因此那句話對我而言特別有意義。我花了很多時間在沒有天賦的領域上工作。在這當中是否拚盡全力並不重要，因為在我不斷掙扎的時候，其他更適合這工作的人正在積極發展。這就感覺像是逆風奔跑；我不斷拚命工作，但卻沒有什麼成果。

許多年我一直被困在這樣的謊言中：上帝沒有把我像其他人那樣創造得這麼好。我永遠不會忘記，當我找到真正的天職時，那感覺是多麼自由。這條魚放棄了爬樹，並發現了一個池塘，然後開始游泳。

史蒂夫·賈伯斯回顧以前是如何被他一手創建的蘋果公司開除，他說：「我確信，唯一讓我堅持下去的，就是做我熱愛的事。你必須找到你的熱情所在。要成就偉大的唯一方法，就是熱愛你所做的，要是你還沒找到，那就繼續找。」[3]

如果你是一條魚，我希望你已經找到了你的池塘。如果你是一隻老虎，我希望你已經找到了自己的叢林。如果你是一隻鳥，我希望你已經找到自己的天空。但如果你還沒有找到自己的位置，不要停止尋找。當你找到時，生活將會永遠不同。這個世界需要你，來完成你來到這世界上的使命。

在電影《火戰車》一個著名場景，埃里克·利德爾想成為傳道跑者，他在奧運期間暫停傳道，加強訓練，而埃里克的說法是：「當我跑步時，我感受到祂的快樂。要是放棄跑步就是對祂的蔑視。這不僅是樂趣；贏得勝利就是對祂的尊重。」[4]

無論別人是否理解或同意，發揮上帝賦予我們的天賦，會讓上帝快樂。它使我們受益，並榮耀上帝，並使我們能對世界其他地區產生最大的影響。

我在想，世界上大多數偉大的進步，都是基於那些熱愛自己工作的人的努力，他們充分發揮了上帝賜予的天賦。說真的，這些人不可能是那些討厭自己工作，每天得過且過的人。

琳達： 我相信上帝用盡心思在創造我們，若是人們知悉，那麼在回到天堂前都會膜拜祂。並不光是我們「美麗」的一面，就算是我們身上的「缺陷」，也帶有深意，它們的存在都是為了彰顯祂的榮耀。

幾年前，我明確收到上帝的指示，引導我在某需要援助的事情上盡一份力。當我與一位我所重視的人，分享我心中的想法時，她說：「哦，那是因為妳是救援者，所以才會有這樣的想法。」

我感到氣餒，而且還被貼了標籤，我心裡掙扎著她說的到底是否正確。好在，一位聰明的牧師勸我：「是救援者又如何？如果上帝要求妳這麼做，故意引導妳成為救援者呢？說不定上帝創造妳的目的就是這個？」

我現在不再用以往的方式看待它。我的每一個屬性都來自上帝，而且每一個性格（當上帝要降下任務時），都有其目的在。我身上帶著這些是有原因的，不管別人怎麼想或怎麼說，上帝把它放在我體內，因此我要尋找能發揮它的方式。

所以，我要問你同樣的問題：如果有人想要你停止正在做的事，而這些事又是上帝創造你的目的，是你身為人最重要的部分，那會怎麼樣？

萬一別人叫你不要做的事，正好就是上帝創造你時，替你安排的天賦，怎麼辦？

當我們活出上帝創造我們的目的時，祂會得到榮耀，因為我們可以完全發揮祂放在我們內心的東西。而正是因為這樣，我親愛的朋友，這是你為什麼會出現在這世上的原因：給上帝帶來榮耀。

奔向你的天職

有時候很難確定你的天職，它就像你的老朋友。如果你知道自己的熱情在哪，那就往你的天職奔去。不管是有機園藝、編織、分析數字、結交朋友、買衣服，或是其他你能想到的任何事。可能也有人正利用這些能力，在替自己打造舒適的生活。

但這並不代表會輕鬆愉快。也許是條路況欠佳的小路，需要越過崎嶇不平的岩石。但它會是值得的。不要認輸，把一生浪費在你不感興趣的工作上，你還有很多機會！

如果你不知道自己的天賦是什麼，那就好好振作，我的朋友。每個人的發現之旅是不同的。以下這些問題可能會有所幫助：

- 對你做起來很輕鬆，但對大多數人來講不容易的事是什

麼？

- 對你來講是樂趣，而對別人來講是工作的事是什麼？
- 你能做到的事當中，有哪些是你搞不懂為什麼別人都不擅長的？

對多數人來講，要見木又見林很難。我們往往離自己的天賦和熱情太近，反而在生活中忽略了它。此時，我通常會建議去問一位誠實又直話直說的好朋友或是配偶意見。為什麼對方覺得你在這方面充滿熱情？這會是很好的線索。

發掘你熱情的另一個好方法，就是回頭看你人生目前為止的旅程。一個經驗豐富的園丁可以靠觀察幼苗，就猜到這植物以後會結什麼果實。就算是新手園丁，早在真正收穫之前，也能看出這到底是胡蘿蔔、番茄、捲心菜，還是南瓜。我們的人生也是如此。

傑夫・高因斯，在《工作的藝術》一書提到：「當你回顧自己的生命，發現它一直以來都在試圖教你某件事情，那這就是你的天職。」[5]

你思考自己的獨特環境、所克服的障礙、吸引你的事物……會看出背後的模式，這些都是神給你的線索。

沒錯，但是……

一旦我們確定自己的天賦，通常會裹足不前，會有一大堆「沒錯，但是……」的情況。

- 你居住的地方是個小鎮，這可能會限制你追求你的熱情。
- 你可能覺得錯過黃金時間，年紀太大，已經太遲。
- 你覺得自己忙到沒有額外時間。
- 〔……填入其他任何數以百計，讓你覺得無法前進的原因。〕

　　我懂，我也有同樣的感覺，也許你的故事和我很像，我比不過別人、被人遺忘、被看不起，我想贏得別人的認可，不再當個無名小卒。

　　我一直努力工作仍一無所獲。我的職業生涯就是一連串的失敗，我的希望也破滅了。

　　傑夫‧高因斯精準描述了我生命的那個階段：

> 　　每一個天職的召喚都會經歷不確定的階段，一切看似沒有意義。像是在荒野中徘徊，你會覺得孤獨以及被誤解，從外人看這段時間，你是失敗的，好像你手裡抓著的只是空氣，又或者純粹在浪費時間。但真實情況是，如果一個人能充分利用這段時間，那麼這將會是最重要的經歷[6]。

前進的道路

　　我們怎樣才能在黑暗期，發揮出最大的作用？怎樣才能找到

一條前進的道路？

　　如果你跟我一樣，那麼請專注以下四點，並充分利用這個階段。

1. 你不是替別人工作，是全心全意為上帝工作

　　當你討厭工作時，可能會怠惰，只做最低限度的工作量。你可能覺得做什麼都無所謂，因為沒有人注意和關心。事實上，我的老闆可能真的沒有注意和關心，但是上帝會。祂在利用這個時期，觀察我是否通過了，歌羅西書3:23的測試。「無論做什麼，都要從心裡做，像是給主做的，不是給人做的。」[7]

　　另一方面，也許你被困在工作中，沒有休息機會；可是你卻討厭工作中的每一分鐘。那麼你面臨的巨大挑戰，就是在這一個階段保持健康心態。人們時常會認為，「全心全意」指的就是「努力工作」。但我發現它不只如此。就算表面上看不出來，但是你知道自己是在榮耀上帝，那便會帶著一顆愉快的心努力工作。

　　不管我的老闆是好人壞人、薪水是高是低，喜歡還是討厭這份工作，我的天職要我帶著快樂的態度，勤奮努力，這不是為了自己的老闆，而是為了上帝。當我掌握這個想法後，我內心充滿平和。我知道，就算老闆是個暴君，但只要我為上帝工作，那麼我就能把事情做好。我不必拍老闆馬屁，也不用偷雞摸狗。我只需要努力工作，剩下的就交給上帝安排。

2. 祈禱並且緊緊握住希望

讓那些愛上帝，又按祂旨意蒙召的人得益處[8]。當你心灰意冷，就開口向上帝禱告，對抗那些負面能量。

在人生充滿挑戰的時期，我會早點出門上班，待在車裡，花二十到三十分鐘禱告和閱讀聖經，然後再去參加這一天的戰鬥[24]。這是我們的方式，對嗎？我把煩惱放在神的庇祐之下，祈求祂賜予力量，讓我堅持下去。

3. 保持一顆感恩的心

糾結在負面事情很容易，談論工作、老闆、同事的缺點很容易；但這些真的有幫助嗎？在我最黑暗的時候，我從《帖撒羅尼迦前書》5:18找到幫助：「凡事謝恩；因為這是神在基督耶穌裡向你們所定的旨意。」我把這段經文記在心裡，每天感謝上帝：神啊，感謝祢沒有讓我失業；神啊，感謝祢讓我有車能夠上班；神啊，感謝祢讓我的車不被賊人闖入。我會認真尋找任何可以感謝的東西，這會改變我的態度。

保持一顆感恩的心，並選擇在消極環境中也能看到積極的一面，這非常具有挑戰性，但我知道這是我之所以能堅持下去的主要原因之一。

---

[24] 我發現自己常唸《詩篇》的第三十七章。那是很有力的章節，它在我最軟弱時候支撐我。

4. 積極嘗試新鮮事物

那個拿著五餅二魚的男孩，可能無法想像耶穌用它們要做什麼[9]；但他交出自己所有一切，剩下的事交給耶穌。

我在生命的困頓階段，決定開一個部落格。主要是為了轉移我的注意力，我並不知道會發生什麼，但我還是開始在上面寫文章。如果沒有透過寫部落格來堅定信念[10]，我可能還在從事一份自己討厭的工作。

我不知道「積極」對你而言代表什麼：也許可能是兼職創業、也許是為了職業發展鋪路而學習；也許為了成為更有價值的員工而上課進修。但不管是什麼，都要持續為信仰採取行動。

如果你正在努力尋找天職，而且也感到生活困頓，請記住，上帝希望你參與這過程。當我回顧過去，看到祂的手在我生命中發揮作用，祂神聖的榮耀充分展現出來。如果你允許，祂也會在你的故事中活躍起來，祂想在你最低潮時出手，向你展示祂是多麼的偉大，但是我們必須現身其中。

事實上，這並不容易，光是現身參與就非常困難。但這是你能做的最重要決定之一。

在這不可思議的人生之旅中，你必須要有意識的邁出第一步：相信上帝做得到。

> **馬上行動**
> 想要提前進行相關的挑戰並取得成就嗎？請翻到第183頁了解詳情。

我把傑夫·高因斯的另一個句子傳遞給你：「有時候，做出一個困難的決定所需要的，就只是一個肯定的聲音告訴你，你所知道卻仍然需要聽到的真相。」[11]

今天，就讓我來充當那個肯定的聲音：上帝比你的處境更偉大，你的生命遠比你以為的更重要，而且你的人生還沒有結束，我們繼續前進吧。

琳達：我來確認一下，如果你的另一半正在經歷同樣的事情，不要停止鼓勵。我在婚姻中最喜歡的一點，就是能夠看到鮑勃自己沒有察覺到的事。在這些時刻，我可以提醒鮑勃，上帝把他創造成了什麼樣的人。

　　你的配偶、最好的朋友、父母或兄弟姊妹，都有可能處在那種時期。你可以駁斥他腦中的謊言：「你不夠好，已經沒出路了，痛苦會永遠持續。」你要繼續告訴他，他真正的樣子。他並不是生活塑造成的樣子，而是上帝創造他的樣子。

　　替他祈禱，為他講經，鼓勵他！每當你看到他垂頭喪氣時，都要充滿愛地替他打氣，你有能力做出改變！

第十五章

教育：不斷學習和
磨練你的技藝

　　二〇一〇年，泰勒・布萊文斯還是個大學生，在速食店打工。八年後，他靠著打電動，每個月賺了將近一百萬美元[1]。

　　我們大多數的父母會試圖阻止我們玩電動玩具。在成長過程也許你會聽到這樣的話：「沒有人可以靠打電動賺錢。你連續開著電視三個小時，不只是浪費你的腦細胞和時間，也在浪費我的錢。」

　　但現在這個世界上，存在著職業玩家，就像布萊文斯一樣，他們可能靠玩電動賺了數百萬美元。這不是偶然，就像其他偉大的人一樣，世界上最棒的玩家有他的天賦，他也有努力的過程，花了無數的時間在磨練技術。為什麼這麼多年來他們奉獻那麼多時間學習和練習？因為他們熱愛遊戲。

　　如果你和我一樣，並不怎麼喜歡學校。你可能不會把學習和樂趣連在一起。但實際情況是這樣的：只要是他們真正感興趣的東西，那麼大多數人是喜歡學習的。

　　我算不上喜歡傳統學校教育，但我喜歡學習怎麼投出曲球，三振對方；我喜歡學習彈奏吉他（一首歌我可能得認真練個好幾

個星期）。還有不管過了多少年，我仍然喜歡學習關於財富的更多知識，因為我對金錢充滿熱情。

二十一世紀偉大之處在於，幾乎每項技能，都有機會能產生與之相關的收入。過去沒有一個時代能像現在這樣，更有機會做你喜歡的事來賺錢。

但你必須投入付出。

重點是：找到你喜歡的技藝；然後自我教育，發展技能。你會發現，教育和實踐是成功且重要的關鍵，永遠不會過時。

在你可控制範圍內運作

許多我們無法控制的事影響我們的賺錢能力：經濟環境、競爭對手、Google演算法、公司政策等等。有這麼多重大因素不在自己可控範圍，我們很容易氣餒。但請記住，控制你能控制的事，忘掉那些不可控的事。換言之，在你能控制的範圍內運作。

我們可以透過不斷尋求成長的方式，來控制知識和技術的增長。雖然你無法控制天賦，但每個人都可以力求精進。那些社會上不可替代的人才，會積極尋求改善方法，來增加自我價值，每天一點點累積，讓他們在工作中更進步。值得慶幸的是，現在這時代，學習比以往都要容易。

如果你停留在傳統教育的思維中，那我跟你說個好消息：我們這個網路化的時代。從有聲書、電子書、YouTube、Podcast，到網路課程，以及包含傳統大學，有無窮無盡的方法，可以學習各式各樣的主題，有的要收費，也有的免費。

我學習知識的過程

你可能會想：好吧，鮑勃，我聽你的，要讓自己成為「不可替代的人才」，所以教育是必不可少，而且有一百萬種學習方法，那我該怎麼開始？嗯，這會因你學習內容不同而大相逕庭。但這些年來，還是發展出一種簡單（而且有點平凡無奇）的方法，可以學習大多數的主題。我舉個例子來說明。想像一下，你想學習怎麼烤「酸種麵包」。以下有四個簡單的步驟。

1. 在 Google 和 YouTube 裡搜尋

接下來，查看五到十個搜尋結果，很簡單，對吧？但還不僅止於此。這些搜尋結果可能都是垃圾，但有一些真的能派上用場，所以你要開始看它們的共同線索，開始建構你基本的相關知識概念。

假設你對這內容一無所知，那幾乎可以確定能讓你在理解上突飛猛進。重要的是，它可以幫你建立心理框架，然後你可以在持續學習中把其中的細節補上。這不會讓你變成烘焙酸種麵包的專家，但能讓你在短時間內進步不少。

2. 練習、練習、練習

然後是閱讀、傾聽，以及觀察別人在學習過程的重點步驟，但除非你實際動手，不然這知識沒什麼意義。所以這個時候，試著運用第一步驟的知識，開始烤第一條酸種麵包。

當第一次製作時，可能會犯錯，然後會引出更多問題。有問

題出現就要找答案。通常這時候，會需要重新再看第一步驟的內容，在Google和YouTube上重新修正關鍵字繼續搜尋，期望找到更具體的答案。以酸種麵包為例，它可能是「多久要餵養一次酸種？」、「麵團太黏怎麼辦？」之類的搜尋。當你找到答案後，你對這主題的知識會繼續擴大。

3. 尋找該主題最具權威的書

書是擁有最豐富資訊的載體，大多數的作者會把自己的知識寫成書。此外，書中內容會比影片和部落格文章更清晰，解釋得更清楚。雖然也是有例外（比方說，電動遊戲的技術教學），但至少大部分主題是這樣沒錯。

有些主題書好找，有的很難。我傾向到亞馬遜或Goodreads的網路上去搜，「關於×××，最推薦的書」，然後看看哪些書被提過最多次。你很快會找到三到五本該主題的最佳教科書。當你讀（或是聽）這些書時，你會繼續填補空白的知識。

4. 精通技能，成為大師（或是跳過）

根據暢銷作家麥爾坎・葛拉威爾的說法，要成為一個領域的大師，需要投入一萬個小時[2]。那這樣會做出非常多的麵包。

我們大多數人不需要擁有那樣的烘焙水準，因此有些知識會學過頭，只需要掌握足以工作的知識就行了。

並不需要每項學習都走完這四個步驟。有些微技能並不需要到精通的地步，光靠前面三個步驟就已經能讓它有所精進。例如，我在寫書的時期，學習要怎麼找到能幫我出書的經紀人、怎

麼撰寫出版提案、怎麼安排章節，以及其他跟寫作有關的問題。我不需要成為世界上最會寫提案的人，但學習怎麼樣寫出最好的提案，已經帶給我不少收穫。

只有兩件事喔，我會到第四步：聖經以及金錢。在我的專業領域內，它們對我來講是最有價值的主題，也是我選擇一生投入其中的領域。為了它們，我讀了上百本書、上千篇文章、尋找導師，也實踐了多年。我不確定在成為大師的這十萬個小時裡，已經走了多遠；但我真的不在乎。我只是不斷學習，因為我熱愛它們，對此永遠不滿足。如果你找到自己的愛好，你也會非常渴望學習。

微技能的價值

記住，前三個步驟就足以學習，不需要為了精通花費一萬個小時在上面。我喜歡把這些技能稱之為「微技能」。可能有成千上百個微技能在你事業上幫助你。

舉例，假設珍妮是名房地產經紀人，能幫助她成為更好的經紀人的微技能有哪些：

- 更好地溝通和聆聽
- 更有效地協商
- 在代理人市場上行銷自己
- 增加對相關業務的了解（抵押、承銷、信用評分、檢查等）

- 更善於研究
- 更有效地建立人脈
- 能更好記住姓名
- 獲取更多潛在客戶訊息
- 更好的時間管理
- 使用電子郵件行銷，並和客戶互動
- 成為公證人

　　如果你環顧四周，可能會發現大多數人並沒有利用這些微技能來自我成就。但是，朋友，這就是你怎麼脫穎而出的關鍵，雖然珍妮不需要有第二步（不斷練習）就能掌握其中大部分的技能，但要是她在這些微技能的使用可以有50%的提升，那麼我可以打賭她一定會成為很棒的經紀人。

　　我很喜歡《箴言》22：29：「你看見辦事殷勤的人嗎？他必站在君王面前，必不站在下賤人面前。」[3]

　　當然，學習需要時間，開發這些微技能不會在一夜之間就完成。但是學習會產生伴隨一輩子的知識和理解，你會因此興奮不已。

　　我們的目標是不斷改進，讓成長變成一種習慣。隨著時間推移，投入的努力越多，回報的收入也越多。當你開始時，請持續學習，繼續利用上帝賜予你的天賦。

馬上行動

想要提前進行相關的挑戰並取得成就嗎？請翻到第183頁了解詳情。

第十六章

解決問題，
或是讓事情變得更好

　　十五世紀出現有史以來，無可爭議的最偉大的創新之一，約翰尼斯‧古騰堡發明活字印刷技術，讓這個世界變得更好。

　　在他發明這個技術之前，大部分的書籍都是人工抄寫，有的書甚至是雕刻在木頭、石頭或是金屬上，再轉印到紙上。這樣做費時又費錢，因此常常只有最富有的家庭中才擁有書籍[1]。

　　古騰堡印刷速度遠遠超過以前的印刷法，而且成本便宜得多，他的發明讓書籍得以大規模生產，進一步傳播知識，書本不再是有錢人的專利。

　　正因為如此，他的創新改變了世界歷史。現在不僅僅是牧師，每個人都可以接觸得到《聖經》，它讓新教改革變得更熱烈。古騰堡印刷促使全球新聞的發展、把文藝復興推向高峰、提高科學研究以及正確的資料傳播等等。[2]

　　如果你研究歷史，會發現許多偉大發明都不是憑空出現。而是對既有的想法和技術的加以改進。艾薩克‧牛頓在一六七五年寫道：「如果說我看得比別人遠，那是因為我站在巨人的肩上。」[3]

但是創新並非只有發明家和科學家能做到，我們也有機會透過自己的工作，對世界產生影響，我們只需要尋找解決問題的方法。

解決更多問題

有個萬無一失增加收入的方法：解決更多的問題，或是單純讓某些事情變得更好。從你本身會購買或是租賃的產品、應用程式、服務來看。你很可能是在花錢解決自己的問題。

簡單來講，企業就是靠解決人們問題獲得報酬。不管是你的老闆、首席執行長、中階經理、收發室工作的員工，你都在替客戶或是上司解決問題。解決的問題越大越好，這代表你越重要，隨之而來的報酬也更優渥。

收養律師每小時收四百美元，他能幫我們解決某項獨特的問題。同樣的，一間奇波雷墨西哥燒烤的員工，可能每小時只賺十二美元。速食店員工得到的報酬更少，是因為做玉米餅解決的只是個小問題。問題越大，可以收取的費用就越高。

不管你是自由業者、企業主、雇員，你都有機會解決問題，或是做出更好的東西。你不需要挑戰伊隆・馬斯克級別的問題，比方說消除人類對石化燃料的依賴、在火星上建立殖民地。大多數人的待解決問題清單，就已經列不完了。

如果你是雇員，那麼簡單成功的秘訣就是，減少你老闆的問題。就像暢銷作家東尼・羅賓斯說的：「財富密碼很簡單。找到一種方法，可以幫別人做的更多，而且你的競爭對手還趕不上

你。提高更多自我價值、做更多、付出更多、分量更多、服務更多。」[4]讓我們從今天開始，尋找能替自己顧客或老闆解決問題的方法。

十一星級體驗

要產生新奇的想法，最好的辦法就是腦力激盪，我喜歡用Airbnb，聯合創始人兼首席執行長，布萊恩．切斯基的「十一星級體驗」狂想練習[5]。

下面是此法的運作模式：

1. 寫下一星級體驗對你的顧客以及老闆而言會是什麼。

2. 寫書五星級的體驗會是什麼。

3. 繼續描述六、七、八、九、十，甚至是十一星級的體驗（會遠遠超過現實）。

企業教練布萊恩．哈里斯，接受了「十一星級體驗」的腦力激盪練習，並以Airbnb為例，說明這十一級可能是怎樣的體驗：

● **一星級**：連網站，網頁載入時間很長，等了兩分多鐘，最後沮喪離開。
● **三星級**：網站順利載入！但我搜尋一個地區的旅館，卻只

有少少幾個搜尋結果。找到一個看起來還不錯的，我對當地的旅館主人提出問題，但過了兩天他都沒有回覆。我很生氣，但還是訂房了。

- **五星級**：我發現很多別出心裁的地方。旅館主人在幾分鐘內就回覆提問，達到旅館時，旅館主人微笑地迎接。房間裡一塵不染，戶外視野開闊，當我需要任何東西時，旅館主人很容易就幫我弄到。

- **七星級**：抵達旅館時，發現對方幫我以及妻子準備了禮品袋，上面還寫著我們的名字。到處都點綴著起司小點心以及松露巧克力。我們驚喜無比。

- **九星級**：訂完後，旅館主人寄來一份過夜包到我們家。等坐飛機到達當地後，還有專車接機。走進屋子，發現私人廚師正在準備晚膳，用餐後，還有按摩師在等著我們。

- **十一星級**：伊隆・馬斯克在機場迎接我們。而且從機場到旅館路上都騎著大象。到達後有一群人列隊歡迎，伊隆還為我們安排一次私人月球之旅[6]。

你可能會問，鮑勃，為什麼要這麼誇張？我不可能提供這種荒謬的十一星級體驗。你說得對，但是透過這種放飛頭腦的方式，你會發現六、七、八星級的體驗中，會有一些不錯又有機會實踐的創意。

切斯基解釋說：「這個過程中，也許九、十、十一星級不切實際。但是當你經歷腦洞大開的訓練後⋯⋯就會從『打開門出現』和『外太空之旅』之間，找到一個平衡點，那就是所謂的甜

蜜點。你的狂想得先放蕩不羈,才有慢慢往下削減的空間。」[7]

我很喜歡這個練習,它能展現一些創意,讓事情變得更好或是解決一些隱而未見的問題,如果你正努力想要嘗試解決或是改進某些狀況,一定要試一下。

樹不會在一夜之間結出果實

如果你為老闆或客戶提供了七星級服務的體驗,然後又退回到三、四星級的服務,那可能不太會有什麼收穫。但如果你能不斷超越自我,就會受到人們的關注。重要的是,這樣就會榮耀上帝,也會引起上帝注意,畢竟祂才是我們真正的動力來源[8]。

不管你是企業主、自由業者、臨時工、志工還是全職父母,你都有機會為他人服務。你要怎樣超越別人的預期,讓他們大吃一驚?對你所服務的人來講,要怎樣享有超越五星級的體驗?

我引述一句拿破崙·希爾的永恆智慧:「願意提供額外服務的人,很快他將會得到額外的報償。」

馬上行動

想要提前進行相關的挑戰並取得成就嗎?請翻到第113頁了解詳情。

琳達:我想呼籲所有待在家的全職父母,想和你們一起聊聊,這種「十一星級體驗」練習,對你們也十分有用!

我已經成為全職媽媽七年了,我想向你們致敬。你

們做得很好，你對你的家庭是無可取代的珍寶。你做的事沒有人能取代，雖然表面上看起來可能毫無意義，但我看到了！我看到你辛勤工作，我為你鼓掌！

當家裡多了新生兒，正處於需要「盡全力活下去」的困難階段。你理所當然會感到筋疲力盡！當我離開那個困頓的階段後，我會進入恢復模式，這個模式會走上很長一段時間，因為我想好好放縱。

有時候中午我會需要打個盹，有時候不需要。但我仍會在午覺時間和孩子們一起休息，只是因為自己想要。但其實，我仍可以利用這時間來幫助家裡。如果你處於這個階段，家中又需要額外收入，我有兩個選擇供你參考：

1. 從事副業，帶來更多的收入。
2. 好好服侍你的另一半，讓他在工作上更有效率，能賺更多錢。

鮑勃和我幾乎兩個人都會做家事。他實際上是我們家的廚師。（是，我知道你在想什麼！）他真的很喜歡做菜！大多數時候是這樣。但是當他加班的時候，我可能會因為他不下廚而生氣，或是我可以腦力激盪一下，看看我能為這個家提供些什麼。

我可能做不出美食（說真的，他的廚藝真的很好，真希望能邀請你來我們家晚餐！），但我可以做些基本菜色，至少讓大家不會餓肚子。我可能不會告訴你新的投資組合（老實說，我根本不太確定那是什麼），但我

可以幫忙控制預算。我可能不會用手持的把柄式除草機，但我還是可以用推式除草機修剪草坪（或是叫我們的八歲孩子幫忙）。懂我的意思嗎？

　　當我想盡全力幫助鮑勃時，他都會非常高興！當他溺水時，我可以丟個救生筏下去，就算我沒有辦法把救生筏拉回來，他也會感激我這麼做。

　　我們得自問有沒有什麼好的想法，能讓自己有所貢獻？就算沒有工作，也可以用直接或間接的方式幫助別人，並帶來更多收入。

第十七章

需求：給他們想要的

　　一八五三年，一名年輕人在淘金潮的期間，看到許多人前往加州，每個人都淘金致富。這位二十四歲的創業者，沒有踏上百分之九十九礦工的選擇，這些人大部分都破產回家，反而決定去尋找市場最大需求的地方。

　　聽說礦工迫切需要耐用的工作褲，此時年輕的李維・史特勞斯決定滿足這些需求。一百年後，那間靠賣藍色牛仔褲起來的公司仍然壯大，替他以及其家人帶來的收入，遠遠超過當時淘金致富的礦工[1]。

　　不是為了自己工作，而是為人民服務。所以重點是他們喜歡什麼，而不是自己喜歡什麼；要滿足他們的需求。

> 不是為了自己工作，而是為人民服務。

　　時間快轉到一百五十年後，你會發現亞馬遜電商正在改變世界的購物方式，因為它比其他競爭對手更關注客戶的需求。

- 客戶希望能從列出來的十種商品中，選最好的買。亞馬遜傾聽顧客的意見，讓人們在網路上查看所有商品，這件事在當時是非常大膽的舉動。

- 它打破在網路上結帳的不方便，讓這個過程盡可能快速簡單。
- 它不斷突破快速成交的極限，同時，這也是每個人的期望。

亞馬遜的決策是基於顧客需求而定，而不是當前社會現存的交易模式。亞馬遜把顧客需求放在第一位，這本來只是一家小小的網路書店，現在成為了我們當代社會的巨型企業。

所以，如果你要經營一家企業，或是你只是個自由業者，上述這些聽起來很有道理。但如果你是一名員工呢？其實身為員工同樣可以問自己，每天都在為誰服務？有可能是你的熟客，也有可能是你管理的員工或是志工。就算你沒有和真正的客人往來，你也是在替老闆服務、和同事互動。把這些人視為客戶。那麼今天開始你要怎樣提供更好的服務？

琳達：幾年前，鮑勃提到他自己當老闆後，便對「員工」的看法改變。他說：「我只需要有人來幫我解決這些問題。」他跟我說，如果他現在要找工作，一定會更勤勞，讓老闆更輕鬆，因為只有解決老闆的問題，才是真正工作保障。

如何知道客戶想要什麼？

1. 他們可能已經提過了（或是至少有暗示）

就算你沒有問客戶或同事，希望你可以如何提供協助。在他們中仍會有比較願意主動告知的。我聽說這樣一句話：如果你的客戶對同一件事提出三次要求，那麼就該想辦法提供服務來滿足它。

我所在的教堂裡，有一位攝影師，因為她的影片使用某種獨特的效果，使她聲名大噪。她經常會接到人們的電子郵件或電話，問她如何做出這個特效。她有點不情願地開始教學，但很快發現，這個副業每小時的收入遠遠超過了她的主業。

我每個禮拜都會去一家小農市集，裡面農民都認為，市場上的人只想買他的蔬菜。但是他經常被人問到，他種哪一個品種的番茄，該品種可以在哪裡買到。後來他聽取了顧客的意見，開始在攤位上販售番茄。這些農作物慢慢成為他主要收入的來源，而且賺得比以往都多。你老闆曾經暗示過你，還是直接告訴你，他希望你能幫些什麼忙嗎？自由業的顧客是否經常問你，有沒有認識能提供 ＿＿＿＿＿＿ 服務的人？你是否有能力和時間提供該服務？如果它在你的能力範圍內，那麼你可以考慮試著做做看。

2. 直接問他們

人們都喜歡發表自己的觀點，不是嗎？直接深入了解，詢問你的顧客他們要什麼。關鍵是，要讓意見分享變得簡單。每一個微小的不方便，都會削弱顧客想表達的意願。

洞悉小語

您可以使用 Google 表單，快速製作一個免費又簡單的問卷調查，或者使用 surveymonkey.com，它有更多的功能和選項。

給公司老闆：發送一封電子郵件，詢問顧客最大的願望、需求、面臨的挑戰是什麼。我方能夠提供怎麼樣的幫助。或是發一封電子郵件，做市場調查，說下一季打算開發新產品，四個方案中，讓顧客投票，看哪個最受歡迎。

馬上行動

想要提前進行相關的挑戰並取得成就嗎？請翻到第 185 頁了解詳情。

給員工：和老闆談談，告訴他你想學習，成為他們公司重要的人力資產（會幫你印象加分不少），因此來尋求他的意見，想知道自己該學習什麼樣的內容，可以對這個公司更有貢獻。

給自由業者：你的客戶是否一直要求某項服務，但你卻沒提供的？如果你能確實為他們提供這些服務呢？你會怎麼做？發一封電子郵件給你最好的顧客，詢問他們最大的困擾，以及你可以怎麼幫助他們。

3. 傾聽常出現的抱怨

人們時常在得不到讓自己滿足的事物時，會相互抱怨。這是一個容易被忽略的巨大機會。這些看似令人沮喪和挫敗的內容，剛好可以告訴你，要怎麼調整服務，以滿足消費者的欲望，而我們只需要去傾聽。

給公司老闆：去看看競爭對手的評論，尤其是主要競爭對手的負面評論。這可是金玉良言，看看人們常常在抱怨什麼，並留意是否形成某種模式。這通常會指出一條明確的客戶需求，並且激發出很好的想法。

給員工：聽聽你老闆或同事在說什麼。「老兄，鮑勃，總是會小遲到。這讓我很受不了。」很明顯，這代表他們很在意時間觀念。那麼，如果你每天能提早十分鐘到辦公室，會怎樣？這對一個守時的人來講，會給你很高的評價。

給自由業者：您所在的自由業的同行，會因為哪些事情而臭名昭彰？那你如何讓別人覺得你與眾不同？

4.「就跟你說，我要——」每個人都想要更快速的服務

幾乎每個人都渴望得到更快的服務，這種需求一直都會存在。亞馬遜一直在追求這個目標，並且不斷創新，為了能夠盡快拿到包裹。他了解我們每個人不變的需求，總是想很快拿到東西。所以，那種四、五天才能夠收到包裹的想法已經過時，那是十年或是十五年前的標準。

亞馬遜大都會地區的顧客，都希望在一兩天內能收到貨。未來幾年裡，亞馬遜會持續尋找加快提供服務的方法，可能幾個小時就到貨了。

你如何建構服務業務，讓老闆跟顧客盡快得到他們想要的東西？雖然這沒有那麼容易，就像亞馬遜那樣。無論如何，更快的服務確實可以讓你與眾不同，也讓你擁有不可替代性。

第十八章

沒有生活，那麼生命的目的
就只是為了邁向死亡

還記得我告訴你公司要裁員的故事嗎？好吧，就算我的部落格每個月收入還不夠支付電費，但上帝已經明確告訴我，這將是我主要的業務。

剛開始的一兩個星期我對此還很冷靜，但帳單開始堆積成山，我發現再不加快賺錢速度，帳戶裡的錢很快就會花完。

然後發生一件事，我教會裡有一位我所尊敬的企業家，突然提供我一份工作。而且不光是工作，還是從事我擅長並且熱愛的領域，薪水是我被解雇前的兩倍。

這是一個奇蹟，我的突破點已經到來。上帝降臨，正在收穫服從祂的成果。我太激動，忘了祈禱，我立刻答應。問他什麼時候可以開始上班？明天我就能上工！什麼，不是現在？我們現在就開始吧！

但是上帝有話要說。雖然我沒有聽到具體聲音，但是如果上帝和我在交談，那麼細節會是這樣：

上帝：不是的，這樣不妥。

我：（把音樂調大聲，不想聽到任何聲音）。

上帝：不是這樣。

　　我：是你嗎，撒旦？因為這是上帝給我的祝福。我對
　　　　　祂祈禱，服從祂的指示，一切都很完美，這一定
　　　　　是上帝的旨意。

上帝：不是，我就是上帝，不是這份工作。

　　這太瘋狂了吧，要我放棄這份工作，而且薪水還是我這輩子
最高薪資的兩倍，太瘋狂了，對吧？

上帝：繼續追隨我的安排，我會提供更好的給你。

　　我：但是，上帝，這已經很好了。我對此感到滿意。
　　　　　祢告訴我要對祢的話語感到滿足。那麼我現在已
　　　　　經很滿足了，我們就這樣吧，聽起來不錯，不是
　　　　　嗎？

上帝：你能信任我嗎？如果會的話，我會很高興。

　　我：我可以，但我們需要錢，這份工作可以提供金
　　　　　錢。

上帝：我所提供的，比任何工作都好得多，相信我。

　　說完，我不情願地打電話給「差點變成老闆」的企業家，告
訴他我很遺憾不能擔任這個職位。這是我一生中做過最困難的事
之一。

　　我曾經相信，擁有豐厚的收入，應該是我的首要任務，但上

帝試著教我，服從才是最好的任務。祂要我挺身而出，和祂一起面對波濤洶湧的海浪。

邀請

很久以前的一天，有一群人擠進一艘船，準備穿越加利利海。耶穌留在原地，稍後會跟他們會合。海上風浪變得很強，門徒幾乎無法前行。突然，在風浪中看到一個身影向他們走來。那是耶穌。祂呼喚彼得，邀請他邁出步伐，走在波濤洶湧的海面上[1]。

門徒的船不管造得多麼結實，都可能被這場惡劣的風暴吹翻，隨時可能沉沒，讓大家失望。但耶穌不會。跟隨祂在海浪上行走，會比任何地方都安全。雖然踏出這一步並不容易，但冒險總是值得的。

這些年來，琳達和我在暴風雨中遇到了上帝。祂要求我們加入祂的行列。當琳達和我在努力償還卡債時，祂邀請我們捐更多錢，而非減少。令人驚奇的是，我們比預期的還要早幾年達到設定的財務目標。當我們建立家庭，祂邀請我們收養小孩，這是之前從沒考慮過的事情。但這個舉動是我們迄今為止受到最大的賜福，這個孩子註定跟我們成為一家人。

當我被解雇時，上帝邀請我去創業，而不是找另一份工作。祂的計畫，讓我在職業生涯中取得了最大的成功。幾年後，祂邀請我參加為期一年的安息休假（一整年都放下工作）。我不知道如何養活自己家人，而上帝幫我養家養了一年。

每一個選擇，一開始都看似要踏出船外，只會讓生活變得更糟，和自己目標背道而馳。但每次耶穌邀請我們一起踏在海面上時，最後都會成功。而且每‧一‧次‧得到的賜福，都比想像中的還要更多。

老實說，我花太多時間保護自己，用盡心力想要規避風險，但我決定，只要耶穌一邀請我，我都會邁出步伐，在海面上行走。

那你呢？

琳達：我常被人問到，當我聽到鮑勃要被裁員時，這段時間我是怎麼想的。對我們來說，這絕對是一個成長的機會，而且也有充足的時間可以決定，有好幾個月時間，可以交談、思考、祈禱。

我很緊張，但鮑勃給了我信心。他給我最大的保證是，如果需要錢，他會不停找工作，直到找到為止。雖然他嘗試的都是高於基本薪資的工作，但他向我保證他什麼事都願意做，除非部落格開始賺錢，不然他不會停止。我們定了一個時間表。如果部落格在三個月內賺不到X美元，鮑勃就會另外找工作，這樣也有緩衝時間，因為他有遣散費，這幾個月內生活不會有大問題。

但我最大的安心感，是來自於夫妻能共同面對這個困難。我們是一個團隊，兩個人都支持這個決定。如果當時我說：「不可以，去找份工作，我們可以邊工作邊從事副業。」他就會立刻照我說的做。我真心相信是因

為兩個人共同面對，才能突破這個困境。很高興我和鮑勃追隨了上帝的引導！因此，我們的生活得到許多的賜福。

踏出船外

耶穌告訴我們，祂來是要給我們「豐盛的生命」[2]。我喜歡尤金‧畢德生在《信息本聖經》中的句子：「我來了，是要叫羊得生命，並且得的更豐盛。」你想知道耶穌是怎麼邀請我們進入這種豐盛的生命嗎？

拒絕你的舒適區。這是充分體驗上帝替你安排道路的唯一方法。

太多人捨棄夢想選擇待在舒適圈，活在美好幻想當中。要追隨上帝，祂要你開創的事業，打破舊習慣，會嚇到不少人，覺得風險太大。朋友，待在舒適圈裡雖然看起來更安全，但這只是一個謊言。

當上帝在領導你的時候，沒有比這更安全的路了。牧師兼暢銷作家馬克‧貝特森在《追逐獅子的人》這本書寫道：「每個夢想旅程總會有一個時刻，你得放棄把安逸生活當成人生唯一目的；要去追求一個若沒有神蹟，就看似註定失敗的夢想。」[3]如果神給了你一個暗示，那就去追尋吧，離開舒適的船，充滿信心勇敢地踏出那一步，耶穌會帶你欣賞海浪的壯麗。

> 朋友，待在舒適圈裡雖然看起來更安全，但這只是一個謊言。

琳達：只要你追隨上帝，上帝的恩典就會延伸到所有你感覺不舒服的地方。我們一直都有神的恩典，當祂要求我們不得不經歷一些困難事情時，祂從未離開我們。和祂保持聯繫，你會對發生的事情感到驚訝！

勇敢面對海浪

冒險是可怕的，就算我選擇相信上帝會幫助我，但我也會像第一次跟上帝接觸的彼得一樣，陷入恐懼當中。萬一這一切沒有回報呢？萬一失敗呢？應該會失敗吧；但萬一不會失敗呢？如果耶穌會拯救，讓我站在海浪上呢？

大概十年前，我買了兩支股票。每支都付出一千美元。不到三年時間，一支變得毫無價值，我失去一千元的投資[24]。損失這一千美元從來不是有趣的事，一點都感覺不到興奮。但我買的另一支股票是亞馬遜，它在短短十年內漲了十五倍。

之前提到的兩種狀況都不太可能發生，但關鍵是，每支股票都有損失一千美元潛在風險，因為這就是我投資的金額，損失不會超過一千美元，可是上漲的潛力卻是無限的。

現在，我這樣說並不是要分享投資經驗，而是說明人們經常會評估事情的最高風險以及獲利範圍。

我發現，大多數人都很清楚最壞的情況是什麼，會把注意力集中在可能失去的東西上；可是真正讓我們掙扎的，是不清楚它

---

[24] 在單一股票上損失百分之百的投資非常少見，但仍可能發生。

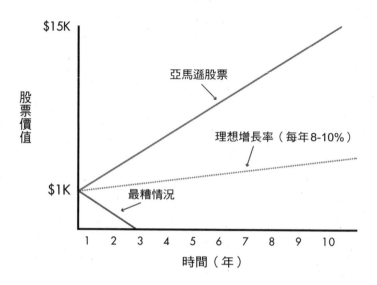

能有多高的報酬。我們對這種「無限」無法預估，我自己也是，我曾經堅信，要安分守己做好一份工作，這樣會比追隨上帝的最佳安排還更好。

還要誠實看待付出的投資風險。這可能和股票投資很像，有可能毫無進展，可能完全沒有什麼表現。但上帝也可以降下神蹟，如果你去追隨，會發生什麼事？

就像馬克·貝特森所說：「要過全然不同的生活，只需要一個想法、一個風險、一個決定。當然這可能是你做過最困難的決定，也是你冒過最可怕的風險。但如果你的夢想不會把你嚇倒，那麼這個夢想就太小了。」[4]

當上帝參與進來的時候，那獲利的機會將會無限。那麼，為什麼你會害怕？需要分析什麼風險才能消除恐懼？

克服恐懼的策略

不管是創業、辭職、在全國各地到處跑或是其他任何事，都需要適當分析情況才能決定。如果要分析風險，就需要面對恐懼。

恐懼會扭曲信念和理性，會讓我們高估風險，低估獲利可能，或是忽視「毫不作為」產生的成本。

就像小孩子會怕怪物一樣，恐懼藏在陰影中，看不清楚。如果能夠照亮黑暗，揭露恐懼本質，就能夠坦然面對，評估風險，並且制定前進的計畫。

提姆‧費里斯，Podcaster兼作家，他的「恐懼練習」，能夠幫助我認清什麼是恐懼[5]。當我需要評估風險時，這個工具不光可以準確評估最好以及最壞的情況，還可以看到「毫無作為」付出的成本。如此一來，我就不得不起身行動，追隨上帝替我安排的道路。

恐懼練習

步驟一

拿出一張紙，把它分成三欄：辨認、預防、補救。

辨認	預防	補救
1.	1.	1.
2.	2.	2.

在第一欄中，假設你要繼續採取行動的前提下，描述最壞的情況，以及所有你能想到的其他糟糕後果。當你要做出改變的時候，所有隱藏的恐懼或是惡夢都要抓出來。

就像費里斯說的那樣：「這件事會成為你生命的終點嗎？此事對你產生的永久影響程度，從一分到十分，你會打幾分？這些真的是永久性的嗎？你認為它實際發生的可能性有多大？」[6]

中間欄，寫下你可以採取的預防措施，你會採取怎麼樣的實際行動？

最後一欄，寫下若是有事情發生，可以採取怎麼樣的補救措施。如果X事件發生，就算不能百分之百補救，你會做什麼事情讓情況好轉？

步驟二

拿起另一張紙，標上「潛在好處」的標籤。

潛在好處
1.
2.
3.
4.
5.
6.
7.

列出若能百分百成功，又或是部分成功時，會有哪些潛在好處。要從各個層面考慮，不僅止於財務。它對你的家庭、婚姻、精神、情感健康有什麼影響？對這些好處進行評分，從一分（完全沒有影響的）到十分之間（難以想像的好處）。

步驟三

在同一張紙上（如果不夠寫，也可以用另外一張紙），再列出三欄：六個月、一年、三年。

無所作為的代價		
六個月	一年	三年

每一欄都描述一下，要是自己「無所作為」會有什麼後果。請詳細說明，六個月內不採取行動會有什麼後果？一年呢？三年呢？

費里斯的問題，讓我明白了事件的急迫性：

拖延會讓你在經濟、情感、身體上付出什麼代價？如果你不追求那些讓你熱血沸騰的事；一年、五年、十年後你會怎麼樣？隨波逐流過日子，然後讓你有限的生命就這樣消失了十年，一直做著你清楚知道自己並不喜歡的事；那麼你會有什麼感覺？[7]

我們習慣不採取行動，因為這似乎是最不痛苦的選擇，但事實並非如此，做這個練習會告訴你，「無所作為」的真正代價。

讓恐懼現身

在我考慮全職當一個部落客時，一想到可能的風險，我就怕得要死。以下是我做的練習：

成為全職部落客		
辨認	預防	補救
部落格收入每月從來沒有賺超過100美元	需要額外副業——eBay上賣東西？到星巴克打工？	在一間有競爭力的公司找工作
用光所有的遣散費和緊急基金	一整年得靠我們的生存預算過活	在我離開工作時，尋求就業輔導

潛在獲利

一、服從上帝，以取悅上帝。

二、做對我來講有意義的工作（並且獲得報酬！）。

三、我就是老闆，可以自定上班時間。

四、有更多時間可以陪家人。

五、有更高的潛在獲利可能。

六、培養有價值的技能。

七、不必和大家一樣窩在小小的辦公隔間中。

無所作為的代價		
六個月	一年	三年
耗盡緊急基金	緊急基金完全用光，租金拖欠一到兩個月	破產，被命令搬遷，只好投靠爸媽
沒更新部落格文章＝流量減少＝收入減少	沒更新部落格文章＝沒有流量＝沒有收入	部落格失敗，必須從頭開始重新建立
對自己失望		

　　一旦寫出這些恐懼擔憂，我的觀點就改變了。我還會害怕前進嗎？這項練習並沒有消除我所有擔憂，也確實將其暴露出來，但也揭示出，潛在的好處其實大過風險。

　　我會以提姆·費里斯的意見，作為本節結尾：

　　　　你因為害怕什麼而無所作為？通常我們最害怕的事，就是我們最需要做的事……定義出最壞的情況，接受它，然後去做。這句話我再說一遍，你可以考慮把它紋在額頭上：我們最害怕的事，就是我們最需要做的事[8]。

目光緊隨上帝

　　說到底，追隨上帝是需要冒險的，和上帝同行並不是容易的事。祂可能會召喚你做些可怕的事，雖然看起來很可怕，但祂不

會離開我。當上帝發出召喚時，跟隨祂是最安全的選擇。

把你的理財計畫當作是跟隨上帝腳步的計畫。特別是看不出來它有什麼意義的時候，更要選擇追隨上帝，而不是讓你的錢待在最安全或是最舒適的任何地方。

我的朋友，跟隨上帝。

馬上行動

想要提前進行相關的挑戰並取得成就嗎？請翻到第186頁了解詳情。

第二部分

6. 確認上帝對你的召喚
（重溫第 142-151 頁）

　　要確認上帝對你的召喚，最好的方法之一就是了解自己的天賦。

　　有時候很難認清自己特有的天賦和才能。如果你也有這樣的困惑，下面的問題或許可以提供一些相關線索。

○ 花十五分鐘回答下列問題：
- 對你來說，哪些事比大多數人更容易上手？
- 何種事物對別人來說是工作，對你來說卻是樂趣？
- 你所處理過的事務中，有哪些會讓你產生這樣的好奇：為什麼大多數人都做不好這件事？

　　如果你想不出來，請詢問你的另一半、親密的朋友、兄弟姊妹或是父母會怎麼回答。他們認為你擅長或是熱衷於什麼？

○ 當你慢慢認出這些天賦時，問問上帝，祂希望你如何使用。

○ 如果你已經對自己的天賦以及上帝召喚十分確定，那麼你可以休息一天。

7. 確認需要精進的微技巧
（重溫第 152-157 頁）

如果你想脫穎而出，就專注學習微技能，讓你的服務加分。

○ 花幾分鐘思考和你職業有關的五到十項微技能，把它們寫在下面：

○ 從上面列表中選擇一個來學習，並且精進。

○ 在日曆或者是計畫表中，安排學習時間。去網路上找影片觀看或閱讀文章。在相關技能方面，建立讀書清單。在社交媒體上面關注善於此類技巧的人。

8. 使用「十一星級體驗」來解決問題
（重溫第 158-164 頁）

這個挑戰是要找出能更好服務客戶和老闆的潛在方式。如果

你是全職父母，請記住，你仍然在替他人服務。進行這個練習時，思考下面問題：你怎麼樣能讓你的服務對象驚豔不已？

○ 拿一張紙（或是你的電腦），花十五到三十分鐘完成「十一星級體驗」練習。

○ 你可以從這練習中獲得哪些能實踐（或是持續保有）的創意？今天起你想開始做什麼？有哪些點子需要時間才能啟動？制定一個計畫，讓這些創意持續發生。

9. 確認需求
（重溫第165-169頁）

當你能夠確定所服務的對象想要什麼時，你就會成為「不可或缺」的人。第一步通常最簡單：詢問他們。

給員工：和老闆談談，告訴他你想學習，成為他們公司重要的人力資產（會幫你印象加分不少）。所以來尋求他的意見，該學習什麼樣的內容可以對這個公司更有貢獻。

給公司老闆：發送一封電子郵件，詢問顧客最大的願望、需求、面臨的挑戰是什麼，我方能夠提供怎麼樣的幫助。

給自由業者：寫封信給你最好的顧客，問他們正在面對怎樣的問題，你能怎麼幫助他們。試著以此開啟一場對話，以獲得更深入的意見。

給全職父母：如果你已婚，和另一半談談，腦力激盪，就算你沒有收入，也還是能夠幫助家庭。

○ 利用上面激盪出來的靈感，朝著確定方向前進，以更好地服務老闆、顧客、家人。

10. 恐懼練習
（重溫第 170-182 頁）

想在職場上有所成長，就必然得面對自己的恐懼，不是嗎？是時候該與它們相處了。這個練習會幫助你直接面對心中擔憂和有所疑慮的東西，專注其上，召喚出這些貨真價實的小惡魔們。

就算沒有任何巨大的恐懼在阻礙你，這個練習也可以找出你忽略掉的微小恐懼，以下會讓你思考一些問題：

- 上帝引導你做什麼，但你仍未採取行動的？
- 你一直拖延的事情是什麼？
- 什麼會引發你工作或生活中的焦慮？

○ 完成「恐懼練習」（查看網頁：seedtime.com/fearsetting，可供列印使用）。

第三部分

盡你所能地付出

任何暫時性擁有的，都可以變成永恆的
財富，凡事奉獻給基督的，都將立即得
到永恆。

——A・W・陶恕

每年夏天最熱的時候，琳達和我都會帶孩子去遊樂園，所有你想到的相關元素都有：漏斗蛋糕的香味、高聳入雲的摩天輪、孩子們臉上寫滿的興奮……就像許多遊樂園一樣。乘坐遊樂設施不收現金，你必須買票券。我去的威廉森郡遊樂場就是這樣。

　　每次我都努力確保會用完所有的票。為什麼？因為遊樂園一結束，這些票就毫無價值。就算我有一千張票可以隨心所欲使用遊樂園的設施，但關門之後，這些東西根本一點用都沒有。

　　我們在地球上生活就像在遊樂園一樣。銀行裡的餘額、投資的財產和各式各樣的累積，當人生謝幕後，手裡的票券就毫無價值。

　　好吧，除非有別的方法讓它變成永久。

　　如果你在遊樂園裡持有一千張票，每次你把一張票送給一位遊客，讓他可以免費乘坐一次遊樂設施，然後你個人帳戶就會突然多出十美元，你會怎麼做？

　　你可能會在有限時間內，盡可能地把票送出去，對吧？記住，過幾天這些票就會毫無價值，能夠兌換成真正貨幣的機會之窗，開啟時間非常短；真正的貨幣會在遊樂園關門之後仍然保持價值。而且，這種交換只能透過給予、奉獻來實現。

　　眼前有沒有浮現那些買不起票券的帶著孩子的年輕夫婦的笑容？因為他們可以搭乘這些遊樂設施，笑聲彷彿就在我耳邊，我

可以看到他們的孩子在旋轉木馬上，瘋狂地對父母揮手。成就他人的快樂的回憶，可能讓你一輩子都記得。然而，在創造了這樣的快樂之後，你會帶著真正的貨幣離開遊樂園。

上帝把我們在這世界上的奉獻，和永恆的財富有連結，把遊樂園的票券想像是真實世界貨幣，也是相似的方式。耶穌曾說過：「你們當賣掉自己所擁有的，施捨給人，為自己預備不會破舊的錢包和沒有窮盡的財寶在天上；在那裡盜賊不能靠近，也沒有蟲咬蝕。」[1]

或者，正用我的話來講，「把你遊樂園的票券，施捨給別人，那麼你在天堂的帳戶中，就會累積永恆的財富。」

我投資網飛股票的收益

多年前，我第一次註冊網飛帳號時，我就想買入這家企業的股票。我喜歡這種服務，在當時我看來，未來的娛樂可能就是這種形式。那個時候它每股價格大概三美元，在我寫這篇文章的時候，現在一股價值是四百八十八美元。

想知道我買了多少股嗎？零。

我一股也沒買。

華倫‧巴菲特曾說：「股票市場不是棒球比賽，會被三振，你不需要對眼前每一個機會都揮棒。」[2] 但是回顧網飛的經驗，那實在是一個太好的機會，很難不去想，當時為什麼就沒把握住。同樣地，我可不想上了天堂之後，才後悔發現，在此生有機會的時候，卻沒有在天堂中存下半點永恆的財富。

藍迪・奧爾康在他的《投資寶鑑：揭開喜悅奉獻的秘密》說過：「我確信，最能阻礙人們奉獻的，是一個錯覺：地球是我們的家。」[3]

　　請帶著這個想法進入本書第三個部分：「盡你所能地付出」。你若能理解我們在這地球上短暫停留的時間，是用來「增加『我們』天堂帳戶裡存款」的機會[4]，那麼就會竭盡所能地給予，如此可讓天堂的帳戶更為充實。

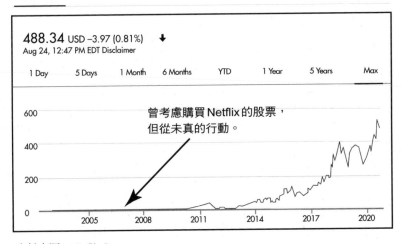

資料來源：Netflix Inc.
　　　　　Google財金：www.google.com/finance/quote/NFLX:NASDAQ

不光是幫助周圍的人、讓自己過著充滿冒險和舒服的生活；我們還可以增加在天堂的存款。聽起來很不錯。所以聰明地使用遊樂園票券，你覺得呢？

第十九章

關於付出的誤區

　　許多年前一個星期天早上，我坐在小教堂的長椅，等待一名客座牧師——姑且叫他比爾——分享他和某位知名傳教士（我不記得那個人的名字了）的合作經驗。當他正要發言時，我感受到整間教堂的人都很興奮。

　　這裡面有七十五名會眾，都想聽聽比爾要說什麼，畢竟他曾和那名傳教士合作過，他的傳道一定會很精采。

　　我不太記得細節他講了些什麼，我想應該是有關付出的事，但我確實記得他憤怒的表情。說真的，我不記得他站在聖壇後有笑過一次。在那次傳道中，他不悅地問道：「這裡誰沒有奉行什一奉獻？」

　　我嚇傻了，這應該只是為了加強他的分享效果，但他的語氣又不像。結果他是認真的，真的想得到答案，不然，大家就一起僵在那裡。

　　我心裡想：現在是什麼情況？我從未經歷過這樣的事情。我當時是失業狀態，所以對他的逼問感到「安全」。但是我發現自己掌心正在出汗，真希望能爬到座位下躲起來。

　　一片滿是壓迫感的寂靜。

比爾只是站在那裡，我們一直想要擺脫這痛苦的尷尬時刻。我應該從側門開溜嗎？有沒有辦法不被他發現？但是，看他那口無遮攔的樣子，只有上帝知道我開溜後他會怎麼說我。

所以我留下來。

但情況變得更糟。大多時候，當傳教士問的問題沒有人回應時，會很快地跳過。但這個傢伙不是，他像聯邦調查局的探員一樣堅持，好像找出這問題的答案是他的職責一樣。

他用不同的方式又問了好幾次，尷尬的時刻持續好久。

最後，大家鬆了一口氣。好吧，是我鬆了一口氣；對於那兩名舉手承認的人來說，可就不是這樣了。比爾隔著聖壇和對著那兩個人詳細討論奉獻一事。就這樣，當著我們所有人的面。不管你信不信，他就是這樣做了。

我還真希望這故事是我編的，但不是。在這即興公開的「諮詢討論」當中，台下其他人變成了七十三位湊熱鬧的旁觀者。

然後他叫這兩個人到聖壇前，在眾人面前懺悔。我看著他們低著頭走上去，表情就像我看過最悲傷的查理·布朗。這真是讓人難以置信。

你覺得他可能會同情這兩個人，而放他們一馬。但是並沒有，比爾繼續公開斥責他們「犯了錯誤」。我們其他人都因為不再被比爾追問而鬆了口氣。但大家都為這兩位替罪羊感到難過。

最後比爾終於結束，那兩個人可憐兮兮地回到座位上，比爾繼續傳道，好像什麼事都沒發生一樣。

當時我才剛信主，這一刻塑造了我對給予的看法。由於我對聖經了解不多，所以我能引用的字句很有限。這跟我所希望的付

出相去甚遠。如果這就是耶穌所說的,「施比受更有福」[1],那麼,我不相信祂。

並非迫於壓力

希望你從未經歷過這樣的事。但我敢打賭,當你考慮要奉獻時,你會感受到義務和內疚。就算在雜貨店,我也遇過這種情況。

排隊結帳時,後面還有三位顧客;此時收銀員問:「你願意捐贈一美元用於動物投票權嗎?」

我能坦白嗎?我很討厭收銀員問我這個問題。

我並不是認為,動物不應該有投票權。等等……好像我真的不這麼認為?重點也不在於我想不想為這項活動付出。重點在於,這讓我感到壓力。就像自己站在聚光燈下。特別是當我前面兩位客人都有捐贈時,我確實擔心會被後面的陌生人批評。

我不認識身邊這些人,就像我不認識亞當(或夏娃)一樣。他們若是對我有意見,我應該不痛不癢。但是我仍然感受到他們帶給我的壓力,逼我去做一些我不甘願的事。而他們可能根本不知道自己已帶給我壓力。

長久以來,我一直以為人們奉獻的唯一理由是為了應付壓力,實則不情願,又勉強。在教堂裡,也許有的人覺得這是該做的事,所以奉獻。我們之所以會心不甘情不願,是因為知道自己沒用完的錢下次到目標百貨購物時,可以買更多東西,又或者可能單純感覺「付出」是一種損失。

「付出」有時會被行銷策略巧妙地利用我們的情緒而扭曲。我們會捐錢給某些慈善機構，是因為我們對擁有一切的祝福感到內疚，並且害怕如果不捐款的話，會被人們視為貪婪。甚至給朋友和家人的聖誕禮物，也會以內疚以及交換關係來看待：他去年送給我禮物，所以我今年一定要回送給他。

比爾傳達出來的資訊，是把奉獻視為一種自我鞭笞。有點像古代的苦行僧，透過鞭打自己當作奉獻的象徵。這會帶來痛苦。這麼做會伴隨著永恆的罪惡感，因為就算你把一切都捐出去，像個窮人一樣生活，也無法滿足上帝的要求。

不，這樣子奉獻聽起來一點都不好玩。裡面沒有歡欣或是其他積極的情緒，這樣子做，會破壞奉獻的全部目的。我曾經相信，內疚和羞愧是人們主要動機，尤其是在奉獻的時候。

後來事實證明，我錯得離譜。我必須把內疚和羞愧的壓力卸除，才能看清真相。

內疚和羞愧

大多數人認為，魔鬼會用貪婪來壓抑我們內心的慷慨，但我相信，內疚和羞愧可能是敵人更常使用的工具。還記得遊樂園的故事嗎？還記得，把一千張票券送人時，那種無拘無束的興奮嗎？

我現在假想一個情況，假設我在那裡正在思考怎麼樣使用那一千張遊樂園票，然後賣爆米花的小販從我身邊經過，人群中有人小聲說道：「鮑勃太自私了。你知道嗎，他還想留一些票券給

他家人？」

　　我對此充耳不聞，盡量不被嚇到。但我聽到有人在談論我如何使用遊樂園票時，批評隨之而來。我開始自我質疑——我付出的夠多嗎？我應該讓自己的孩子用這些票在遊樂園玩耍嗎？然後聽到另外一個人在人群中喊道：「鮑勃，你怎麼敢自稱是基督徒！如果你真的是基督徒，你不會讓你的孩子使用三張以上的票乘坐遊樂園設施，有的孩子甚至只能負擔一張的費用。」聽到這些，愧疚感在我心中生長。孩子的笑聲變得尖銳刺耳，讓我心中充滿怨恨。

　　這些評論帶來的內疚和羞愧會抹滅任何樂趣。奉獻會變成一種痛苦的經歷，將其轉變成一種懲罰。我想像自己在遊樂園裡漫步，心情沉重，因為內心的聲音強調，我應該要把這些票全部送人。但有這麼多的感情包袱在那裡，我反而無法這麼做。我感到內疚，我不想面對，我放棄了。

　　這些年來，我在SeedTime裡和無數的讀者討論過奉獻。我發現，當人們內心感到羞愧和內疚時，他們不會付出的更多。他們會給的更少，最後乾脆放棄。

　　但事實是——這不是上帝希望奉獻的結果。人們不應該基於內疚和羞愧去做。剛好相反，上帝有另一條更好的道路：「你們每個人務必在心裡決定捐出多少，不要勉強，也不要迫於壓力去做，「因為上帝喜愛樂意捐獻的人」[2]。

　　等等，聖經裡真的說我們要喜愛樂意捐獻，並且告訴我們不要因為感到壓力才做施捨嗎？

　　是的，沒錯，確實如此。不管是在雜貨店或是其他任何地

方。

快樂地奉獻

我妹妹升大學三年級時，她仍一直用我父母的桌上型電腦做作業；幾個月以來，她一直想要一台筆記型電腦。她生日快到了，就算她沒有開口，但我知道她需要一台。

但是手頭很緊，琳達跟我才剛結婚，每個禮拜只有四十五美元的伙食費，沒有額外的錢。要幫我妹妹買筆記型電腦需要五百到一千美元的資金。就算沒什麼錢，但我有時間，還有真誠想幫助她的心。

我開車跑遍整個城市，找過好幾戶人家車庫裡的二手商品，看看能不能剛好找到。在撲空了好多次之後，終於找到一台很棒的筆記型電腦。雖然是老機子，但規格不錯，外形完整，真正讓我驚訝的是，他們只賣七十五美元。

我把它買回家，整理乾淨，還買了一個電腦包。我為這個重要的日子做好準備，琳達和我把它包裝完後，充滿期待。我們知道這個禮物對我妹妹來說有多重要，很高興能把它轉換成祝福送到她手裡。

我永遠不會忘記她打開禮物時臉上的表情。這一刻永遠印在我記憶中。我不是一個易於感動的人，但這一刻真的打動了我。直到今天，這仍然是我最愛的付出之一，這是我有生以來第一次感受到施比受更有福。我還想要做更多。

　　這個難忘的時刻和禮物本身花多少錢無關，它是許多元素的結合：有一顆真正想要祝福她的心、上帝「那賜給農夫種子」[3]、一個被滿足的需求以及心懷感恩的接受者。這些要素在同一個瞬間聚在一起，幫助我打破對奉獻的錯誤信念，重新了解「給予」的意義。

　　幾年後，有一些朋友來和我們一起度過週末。我知道他們在經濟上有些困難，但我不清楚他們財務困難有多嚴重，當然也不知道他們一直祈禱在財務上能有奇蹟發生。

　　當他們要收拾行李準備回家時，我邀請他們來一起坐在廚房的桌子旁。琳達以及我告訴他們，上帝引導我們，並將他們放在自己心中，並感受到神要我們送給他們一份財務上的大禮。

科學證明的快樂

既然耶穌自己都說了：「施比受更為有福」[4]，所以不代表我們真的需要科學證明，但我很喜歡用科學來解釋幾千年來《聖經》裡就一直存在的概念。

許多研究已經證明，施與受相比，能感受到更多的幸福。其中一項研究，對兩千位美國人進行調查，並持續了五年之久。結果讓人欣喜。證據表示，持續付出的人相比吝嗇的人：

- 活得更快樂・更少生病或受到傷害
- 生活更有目標感
- 減少憂鬱[5]

所以你懂了，「付出」有一點像是神奇的藥物。

這份禮物可不是跟筆記型電腦同一個量級。事實上，在那個當下，這可能是我們所開出最大筆金額的支票。我從來沒做過這樣的事，也不知道對方是否會接受。

我緊張地把支票滑過桌子，當他們看到上面的金額時，哭了出來。這張支票對他們的意義遠比我們所以為的重要得多。當他們分享生活故事時，琳達跟我也跟著流淚。

這不光是錢，我意識到，這是他們生命中一個重大的奇蹟。我們不僅近距離目睹上帝計畫的第一現場，而且還成為這場奇蹟中的關鍵人物。

我無法充分描述這樣的給予讓人多麼充實。積極參與上帝在

其他人生命創造的奇蹟，是人生最大的樂趣之一。這樣興奮難忘的時刻，會讓我對「付出」上癮。

正是這一刻，我意識到我們來這世上的目的，以及要度過餘生的方式。

琳達：有一些特殊的時刻，我發現它們的意義比我想像中還大。許多年來，上帝讓我們經歷許多類似的特別時刻。這就是為什麼我們要盡自己所能地儲蓄和賺錢的原因，是為了繼續成為上帝奇蹟計畫的一部分。

如果我誠實地看待這些讓人難以置信的特殊時刻，那麼有幾件事值得注意：

1. **這樣的禮物和金額無關。**有些很多，有些很少。這些並不重要，我們體驗到的快樂並不是給予金額多寡而定。

2. **這來自於一顆自願付出的心，而不是義務。**這些時刻的發生，我都不覺得自己有責任義務要這麼做。雖然我可能覺得應該在妹妹生日禮物上送禮，但我並沒有義務一定要送一台筆記型電腦。就算只是星巴克的禮品卡，她也會很高興。我們只是想做得更多。

3. **每次這樣的付出，都會讓我們更願意持續下去，或是有更強烈的付出意願。**把心思放在禮物中，真正了解接收者的

需求，更有可能產生那種讓人難以忘懷的體驗。

我相信，上帝希望每個人都能體會這樣的時刻，就像我和妹妹以及朋友們所經歷的那樣。事實上，我不只是相信，我是真的知道。因為上帝說「上帝喜愛樂意捐獻的人」。

> **付出的喜悅和益處，遠遠大過罪惡感和羞愧所能及的程度。**

付出的喜悅和益處，遠遠大過罪惡感和羞愧所能及的程度。

琳達：想想你在買禮物給所愛的人時。以我為例，就是鮑勃和孩子們。在聖誕節時我會停不下來買很多禮物！為什麼？是因為我沒有給他們足夠多的禮物而羞愧嗎？不是，是因為我非常感激他們，我想盡我所能地給予他們祝福。

這就是付出的感覺。充滿感激。當付出和感激結合在一起時，每個人都是幸福的。你能夠祝福你所愛的人，那你就是幸福的人，接受者也是幸福的。我敢打賭，當我的孩子在相互分享時，上帝一定也感受到我內心的激動。

第二十章

為什麼我們開始
「以自己的年齡來奉獻」

在一個清爽的春天早晨，我走在高原上與上帝共處，在一個隱密的地方禱告。好吧，沒有真的那麼隱密。嚴格來講，它是一小塊建築預定地。那地方十分僻靜，可以在那裡思考和祈禱，我喜歡把這個地方當作是上帝對我的特別招待。

當我在這個地方和上帝共處時，我告訴祂自己的重大財務目標。最大的目標，是我渴望能還清所有抵押貸款，過著完全無負債的生活。就我的計畫來看，可能需要三到四年才能夠達到。

琳達和我多年來一直都在奉行什一奉獻，有時甚至奉獻更多。在我們心中，自己已經符合基督教徒的目標。像一個「形式的宗教徒」一樣，我感到驕傲。我給上帝百分之十的收入，那麼就有百分之九十的份額來實現我的願望。

說真心話，我有點覺得是上帝欠我的。我已經完成什一奉獻的義務，符合「好基督徒」的範本，所以祂應該給我所有我想要的東西。但那天早上發生的事情，永遠改變我對奉獻付出的理解。

雖然上帝並沒有發出具體的聲音，但我內心感受到上帝跟我

說，如果真的想看到祂在我們財務上發揮影響，那麼就應該開始以自己的年齡當成是付出的百分比標準。

那個時候我三十一歲，所以代表我百分之三十一的收入要用來奉獻付出。等等，這個要求是從哪來的？我可從來沒在《聖經》裡看過。誰又會這麼做？

這個念頭在我心中揮之不去，我開始試圖弄清楚這是否可行。我不知道我們有沒有辦法支付帳單，購買日常用品和食物，那我的財務計畫怎麼辦？

冒險

多年來，我們一直夢想過著沒有債務的生活，一直在努力實踐這個目標，但如果上帝願意幫助，就能更快地實現。但是祂似乎沒有考慮幫我們償還抵押貸款，反而要求暫停還債計畫，要求付出更多。這個需要三到四年才能達成的目標，變成了十年計畫。因為我和琳達沒有多出來的錢可以支付抵押貸款。

這說不通。但是在這個時刻，上帝並沒有強迫我，也沒有讓我感受內疚或羞愧，而是溫柔地邀請我和祂一起冒險。要求我們從百分之十的捐款增加到百分之三十一。這是一個可怕的想法。

在那一刻起，我想起自己最喜歡的句子：「我們知道上帝使萬事一同效力，讓那些愛上帝，又按祂旨意蒙召的人得益處。」[1]和平常一樣，上帝的話語讓我內心感到和平，並提醒我這三個真理：

1. **上帝不會因為好玩或是故意刁難而提出要求，通常是有些什麼很酷的東西隱藏其後。**祂總是會做一些很棒的事，並邀請我們參與其中（在這個例子中是透過付出），我們只是看不到事情會怎麼發展，才覺得很可怕。但是當我們退一步，相信祂是為我們好，在努力時，就有機會在奉獻的過程中享受，就算是奉獻過程最艱難的時刻也一樣。

2. **「付出」是一種永恆的財富轉移。**我們是永恆的存在，只是暫時來到地球參訪。當我們前往天堂這個真正的家園時，我們在地球上的貨幣和財產將會失去全部價值，除非我們提前將它們送出去，並轉換為一種永恆的貨幣，就像遊樂園票券一樣。付出並不是一種失去，而是為了未來的投資。

3. **事實上，這一切都是屬於祂的。**可以這樣想：假設你聘請我當你的財務教練，我們每週一次在午餐時間見面。有一週我請你從奇波雷墨西哥燒烤幫我們買午餐，由我來付款。我透過Venmo電子錢包，轉給你一百美元來支付餐費。我們都明白，這是我的錢，而我要求你用它做某些特定事情。對吧？

　　如果那週的午餐總共是二十五美元，那麼我可能會告訴你將餘款（七十五美元）留作下週的午餐費用。現在你的Venmo帳戶中有了我的七十五美元。會因為錢在你的帳戶保管，因此變成你的錢嗎？不會。

我可能改變主意，要求你將餘款用於其他事物上，例如買墨西哥捲餅給遊民，花在我們未來三週的午餐，或者讓你全數自己保留。

我要你用這些錢做什麼事其實並不重要，因為這七十五美元是我的錢。你只是代替我保管它，等待著我指示要怎麼使用。

> 付出並不是一種失去，而是為了未來的投資。

身為上帝的管家，我們所有的一切都是祂的。物質、身體、時間、我們的孩子，甚至是金錢。祂的錢只是碰巧存放在我們的帳戶中，而我們等待祂指示要如何使用（記住，這就是為什麼稱之為「受管理的資產」）。

琳達：雖然花了一些時間，但慢慢發現，受到祝福時，並不一定是為了我們自己。就像鮑勃的墨西哥快餐店例子一樣，這筆錢從一開始就不是為了我個人所準備；也有一部分是為了他人而準備。

我們被祝福是為了能成為別人的祝福。當我們明白一切都來自上帝，就更容易將其送到它應該去的地方。我們就像是管道，金錢可以通過管道流動，我們知道它並不全都是為我們準備。這是一種讓我們成為上帝在地球上的手腳的方式。

一旦我更深入地理解了這三個道理，就更容易（雖然仍然不容易）在上帝邀請我們參與一些重大的奉獻挑戰中，有信心地往前邁進。在這個特別的奉獻挑戰中，我牢記《馬太福音》6:33講的：「所以你們應當先尋求神的國和神的義，這一切都將加給你們了。」我從未想過在隨後的一年中，這對我們意味著什麼。超出我所能想像的祝福。

　　還記得我和琳達多麼想要償清房貸嗎？當我們將奉獻百分比提高到百分之三十一後，竟然在短短十個月內完全償清房貸，現在完全沒有任何債務！不是本來預估的十年，而是十個月。是的，你沒有看錯。我們奉獻了近三倍的金額，卻仍然提前多年實現了目標。

　　在我們有限的思維中，這一點也不合理。看起來是朝著相反方向前進，但上帝的道路並非如我們所想。遵循上帝的引導，使我們更快地達到財務目標，作夢也想不到；但是人類的邏輯會判定，這種做法會是阻礙。與此同時，上帝給予我們機會體驗更多令人驚奇的奉獻故事，就像我在前一章中分享的一樣。

　　跟隨上帝的引導。祂正在邀請你展開一場冒險，走過恐懼，走過不可能，用眼中閃爍的光芒告訴你：你可以信任我。我會照顧你的。

上帝的邀請

　　每當上帝引導我，要以某種過於冒險的方式奉獻時，我都會有種期待和希望的感覺。並不是說這些事不可怕（它們通常會有

點不舒服），但因為它來自上帝，所以我感受深刻和平及安慰。

　　現在，我並不是說你應該要像我一樣，照祂的要求以年齡當成奉獻付出的百分比。但我同意使徒保羅的說法，我們每個人都應該按照自己的心意，決定要怎麼奉獻[2]。每個人都有所不同，金額、百分比、奉獻對象和時間等都會有所差異。

> **琳達：**我活得越久，就越明白上帝是怎樣讓人們的人生都獨一無二。祂太有創意了，創造的故事不會完全相同。祂總是有新的點子。而對於你來說，也會有全新的體驗等待著你。祂邀請我們按照年齡奉獻，但我們鼓勵你尋求神的旨意，看祂要給你什麼！永遠不要將自己的故事與他人的比較。上帝為你特別預備了一些點子！

　　多年來，琳達和我見證了許多上帝創造奇蹟的故事。雖然不見得每次都能親眼見到受助者，但無論如何，我們知道上帝正在安排他人生活中的奇蹟，而我們有幸成為其中的一部分。祂為我們創造無價的回憶，將平凡的日子變成了冒險。

　　上帝也向你發出了同樣的邀請。一個簡單的邀請，去做一些大膽的事、不可思議的事、令人興奮的事。與上帝一起踏入未知的領域。信任祂所施行的神蹟。把握嘉年華即將結束的最後機會，想像人生只活一次。

第二十一章

付出就如同播種

　　假設你被困在火星上，只有一些冷凍食物和十二個馬鈴薯。你認為你可以存活多久？

　　如果你把所有的馬鈴薯都吃掉，可能可以撐一個月，最多兩個月。然後你得知救援任務正在進行中，但需要十八個月才能到達。在這艱苦的火星環境中，你如何只靠十二個馬鈴薯活下來呢？

　　不要把所有馬鈴薯都吃掉，你可以種它們。這個簡單的動作可能會帶來一次收穫，讓你有食物，同時也會收成更多馬鈴薯，得以持續耕種。決定種植它們，對於在火星上受困也沒有其他選擇的你，可能會帶來巨大的改變。

　　如果你看過《絕地救援》這本書或是電影，你會發現這基本上就是它的情節。故事中的馬克種植了馬鈴薯，在救援團隊到來之前存活下來。他沒有先把馬鈴薯吃掉來抵抗飢餓，而是先種植它們。

　　「付出」看似你最不重要的事，但很多時候正是你真正需要做的事，如此才能讓各種事物運作起來。

寡婦的故事

在《列王紀上》17：12，有一個非常相似的故事。在一場嚴重的乾旱中，一位寡婦家裡狀況是：「罈內只有一把麵，瓶裡只有一點油。」[1]她打算做一些麵包，當成她和兒子的最後一餐，然後等待死亡。

與此同時，以利亞正在逃亡。他在藏身之處既沒有食物也沒有水，於是上帝派他去拜訪那位寡婦。當以利亞到達時，他要那位婦人先為他做一個麵包，然後再做一個自己食用。

懂我的意思嗎，誰會願意這麼做？從這個世俗的角度來看，這實在是很糟糕。誰會要求這麼貧窮的人做出奉獻？

答案是：理解上帝行事方法的人。他知道能擺脫寡婦困境的方法是付出，而不是消耗。

當那位寡婦分享僅有的極少物資時，耶和華的話傳給了以利亞。上帝應許她，直到祂在這片土地上降下雨水前，她的物資不會耗盡。有了上帝的保證，那位寡婦按照以利亞的要求去做。

因為那位寡婦遵從了神的指示，神也信守了祂的應許：「罈內的麵果不減少，瓶裡的油也不缺短，正如耶和華藉以利亞所說的話。」[2]

琳達：我覺得這個故事讓人感動。如果你看《列王紀上》17：9，你會看到上帝告訴以利亞祂已經指示一位寡婦供應他。為什麼上帝會派以利亞去一個沒有食物的人家中取食物呢？

也許你能感受她當時的絕望，就像你覺得一切都完了一樣。但我今天想鼓勵你。上帝有出路！相信祂的指示。如果祂要求你付出，那麼，奇蹟就在另一邊等著你。你可以相信祂。

稼穡皆為上帝的設計

很久以前，上帝應許地球上將永遠存在四樣事物：「稼穡、寒暑、冬夏、晝夜就永不停息了。」[3] 這四樣清單中最讓我感興趣的是第一項：稼穡，也就是播種和收穫。簡而言之，當你種下種子，它會生長，你就能收穫。但第一步得先種下種子。

這個永恆的原則適用於上帝所創造和啟動的萬事萬物。你可能會從《新約》中認識到這點。保羅曾說過：「少種的少收，多種的多收。」[4] 猜猜看？保羅可不是在教我們農耕。在這個語境中他談論的是奉獻付出。

保羅說得明明白白：我們在奉獻中播種什麼，就會收穫什麼。

這正是為什麼那位寡婦在極度需要收穫的時候被邀請去奉獻（播種）。在我的生活中，我反覆見證了這種情況。當看似最不應該這樣做的時候，上帝卻引導我去奉獻。祂以溫和的方式邀請我去播種，以便收穫一個迫切需要的豐收。

收穫的目的

雖然奉獻很重要，但並不是要我們將所有的收入都捐出去；也不是讓我們全花費在自己身上。保羅在《哥林多後書》第9章中解釋了這一點：

> 那賜給農夫種子，又賜給他們糧食的，正是上帝。同樣道理，他也會供應並增加你們的力量，使你們裡面結出許許多多慷慨的果子來。
>
> 是的，你們會在各方面富足，好讓你們能夠常常慷慨地跟人分享。我們把你們的捐獻送給有需要的人，他們便會感謝上帝。5

我們的部分收入是供應糧食，另一部分收入則是透過奉獻，來種植作物。我們不應該將所有的祝福都留給自己。相反，上帝賜福給我們的目的是為了讓我們成為別人的祝福。我們就像是被上帝創造出來傳播祝福的管道。祝福會通過我們，流到周圍的世界。

> 我們就像是被上帝創造出來傳播祝福的管道。祝福會通過我們，流到周圍的世界。

付出會帶來祝福

　　你可能像我一樣，看過有人把付出概念曲解為「只為了得到，所以付出」。好像上帝只是一台吃角子老虎機或是許願精靈，會照我們的願望賜予我們所需的一切。或是把上帝的祝福和物質主義劃上等號。

　　敵人最大的詭計之一是將《聖經》的理念扭曲，然後讓人拋棄這作品的同時，也丟棄了真理。魔鬼實在大膽，甚至想在耶穌身上使用這樣的詭計。

　　對他說：「你若是神的兒子，可以跳下去，因為經上記著說：主要為你吩咐他的使者用手托著你，免得你的腳碰在石頭上。」[6]

　　耶穌並不蠢。祂知道那段經文背後的真理，並用另一段經文作為對抗魔鬼攻擊的盾牌：「經上又記著說：『不可試探主你的神。』」[7]雖然經文被斷章取義，並且經常被當作武器使用，但這些經文的真正訊息依然存在。

　　同樣地，雖然人們一定會曲解關於奉獻的經文，以追求物質欲望，但聖經的真理將永遠保持不變，也就是：奉獻付出會帶來祝福，我們所播種什麼，就會收穫什麼。

更高層次的收穫

　　各種形式的豐收，是為了祝福他人，並提供更多的種子，而這些種子又會產生更多的豐收，又會有更多能分享出去的種子。這是上帝的播種計畫。保羅這樣描述它：「他也會供應並增加你

們的力量，使你們裡面結出許許多多慷慨的果子來。」[8]只要我們照做，這個循環就會不斷延續。

我喜歡查爾斯・史坦利牧師的說法：「你種下什麼就會收穫什麼，收穫會比種得多，收穫會比種得晚。」[9]

R・G・雷托尼奧被公認為是世界上最偉大的土方設備發明家[25]。在他的一生中以慷慨著稱，將自己收入的百分之九十所得捐贈出去，只以剩下百分之十維持生活。當被問及他如何保持如此高水平的奉獻時，據說他曾回答：「我把錢舀出來，上帝會把它舀回來，但上帝的舀勺更大。」[10]

很多次，當我的資源增加時，無論是工作加薪、政府經濟補助、年終獎金，或是其他意外收入增加時，我總認為這些都是屬於我的，於是全部留下。回想起來，我發現這些都是錯失的播種機會（同時還保留一些額外收入給自己）。

另一方面，當我意識到這個機會，並開始付出後，我發現雷托尼奧是對的。不管我舀出多少，上帝的舀勺總是更大的。

> **琳達：**有一個很美的畫面，我希望能和你分享。你能想像當你在用鏟子分配土壤時，一輛傾卸卡車在你身後，載著滿滿的土壤正在傾倒？真的充滿詩意又令人敬畏。沒有事物能限制上帝！祂將帶領我們走得更遠，而這也取決於我們的意願。

---

[25] 琳達不知道什麼是土方設備，如果你也不太清楚，可以想像是推土機和其他類似的大型機器。

試著超越上帝的付出

像許多其他基督徒一樣，暢銷作家陳恩藩（Francis Chan）在成長過程中，認為奉獻十分之一是最終目標。[11]

多年來，他奉獻了十分之一，偶爾還多一點，但就他所說，真正的改變發生在他第一次去非洲之後。他對那些人民心生憐憫。他與他們建立情誼，成為心愛的朋友、兄弟、姐妹。正是出於這種豐富的愛，他想要奉獻。

當陳恩藩從非洲回到家後，他決定看看自己能付出多少。他和妻子開始檢查他們的財務。由於對這些人的愛，他告訴妻子：「妳知道，親愛的，我們就算算看，能付出多少就多少。我們開始賣東西，盡力而為。」隨著時間的推移，陳和他的妻子開始注意到他們的奉獻與上帝的祝福之間存在著關聯。他說，隨著他們增加奉獻，「主就越來越祝福我們。」[12]

接下來的一年，陳恩藩感受到上帝引領他捐贈五萬美元，差不多是他前一年的收入。藉著上帝的恩典，他成功實現了這個目標。緊接著下一年，陳再次感受到主的引領，要他捐贈十萬美元。儘管他的薪資遠遠無法達到這個金額，他還是決定去實踐這個目標。果然，上帝應許應驗了，陳達到了這個十萬美元的目標。

在接下來的一年，上帝進一步擴大了他的信心，他感到被引導要奉獻出一百萬美元。他感到震驚，畢竟，當他自己都賺不了那麼多錢時，他怎麼可能捐贈這麼多呢？想一想這個情景：幾年前，這個人每年連四萬美元都賺不到，現在上帝要他捐贈一百萬

美元。陳抱著信心，堅定地前進，果然，上帝應許成真了。

　　朋友，上帝的能力是無窮無盡的。祂可以透過我們所有人來行使奇蹟，即使像陳恩藩這種表面上看似最不可能的人選，就像你我一樣。去除你一直以來對上帝設下的種種成見吧。花點時間，向祂祈求，打開你的眼睛，看到祂帶給你的任何祝福，不論數量多少。並承諾將額外的收穫視為一個機會：能種植更多的種子，開始增加你的豐收的機會。你覺得呢？

第二十二章

跳舞的大猩猩

在二〇一三年哈佛醫學院的一項實驗，放射科醫生被要求檢測肺結節[1]。基本上，這只是很平常的工作：檢查一些電腦斷層掃描，並尋找肺部的異常。下一頁，是他們評估的其中一個掃描，它實際上比書中印的尺寸要大得多。有看到任何不尋常的地方嗎？

有看到跳舞的大猩猩嗎？

在這個實驗中，研究人員在其中一張影像上，添加了一隻火柴盒大小的跳舞大猩猩。這隻大猩猩的大小是普通結節的四十八倍。這個實驗的目的是觀察有多少放射科醫師注意到它。

讓我們稍微思考一下。這就像你進入臥室找襪子，卻沒發現地板上多出一張床墊；或是你在租來的車四周走動，看有沒有刮痕，卻沒有注意到半個車門不見；或是檢查石膏牆上有沒有釘子的痕跡，卻沒有注意到牆上有一個足球大小的洞。

懂我的意思吧。眼前有這麼大的東西，人們怎麼可能完全沒有注意到，這超出了我們的理解範圍。

現在，你猜出有多少個放射科醫生沒有看到那隻大猩猩嗎？

答案是83%。

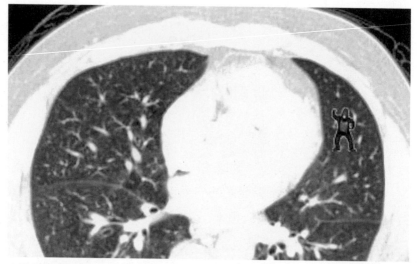

資料來源：Trafton Drew、Melissa L-H.Võ和Jeremy M.Wolfe，〈The Invisible Gorilla Strikes Again〉發表於《*Psychological Science*》期刊第29卷第9期（2013年7月）：1848-1853，版權所有 2013Trafton Drew、Melissa L-H.Võ和Jeremy M.Wolfe。經賽吉出版公司許可再版。

　　在這項研究中，有83%的放射科醫生沒有看到那隻大猩猩。由於使用了眼動追蹤技術，研究人員發現，就算是沒有發現大猩猩的放射科醫生，大部分人實際上眼睛都注視過它。

　　重要的是，這些人還是放射科醫生！他們不僅上過醫學院，在專業領域上還比別人多了五年的培訓。而且，放射學還是目前收入最高的醫學專業之一，裡面都是最優秀的醫學頭腦。

　　重點中的重點是，這些人非常有才華、有天賦，也很有毅力。然而在這項研究中，約有八成的人沒有注意到眼前的大猩猩。為什麼他們沒有看到這隻大猩猩呢？

　　很簡單，因為他們沒在尋找它。

他們繼續做著平常在做的事：只尋找符合自己期待的東西。所以說，當放射科醫師尋找腫瘤時，其實尋找的是一種特定的形狀或某種模式，這些都是基於他們過去的學習和經驗所形成的。

我們平常過日子，就像放射科醫師對待工作一樣。以為上帝會以我們過去學習和經驗到的方式出現，結果祂卻以嬰兒的形態出現，嚇了世人一大跳。上帝會以各種出乎意料、無法察覺和難以置信的方式出現。

當研究人員告訴放射科醫師去尋找大猩猩時，他們立刻就看到了。不同之處並不在於那裡是否有大猩猩，而在於所尋找的東西不同。

這也是在生活中尋找上帝祝福的情況。上帝總是慷慨地賜予祝福。事實上，如果我們不去尋找，就不會看到這些祝福，但這並不意味著它們不存在。

對祝福視而不見

我對祝福視而不見的情況，就是我很習慣把某些事解釋為巧合，或是視為一種自然，而非上帝的作為。

「嗯，那個晉升並不算祝福，因為那是我辛勤工作的結果。」或者「那張突然出現的支票實際上是我應得的，只是剛好現在才出現。」又或者「懷孕並不是上帝的祝福；只是找到了合適的醫生來幫助我們。」

我必須提醒自己，神通常通過出乎意料的自然、原始方式展現超自然的作為。但錯過神的祝福也不是什麼新鮮事。即使是法

利賽人也一樣，你可能會認為他們更能認出耶穌，因為他們熟悉聖經，但他們完全錯過了當耶穌站在他們面前的時刻。這是何等驚訝的祝福盲點呢？他們已經等待了一生，希望見到神的出現。而現在他們與神面對面，神化身成人的形式出現，但因為這是一種以自然、原始形式呈現的超自然祝福，他們卻沒發現它。

對我來說，我很容易就能解釋、接受上帝給我的奇妙祝福。就算這些祝福不可思議的程度比正常狀況增幅了四十八倍、就算我正在直視它們也一樣。

當我們更加習慣尋找上帝的祝福時，我們就會看到它們——就像在道路上看到吉普車一樣。

吉普風格

在買了吉普藍哥（Jeep Wrangler）沒幾天，我停在紅綠燈前，注意到一個人從旁邊開車經過時揮手。是真的在揮手。我一直在努力回想這個人是誰，以及我認不認識他。即便後來我確定並不認識對方，我仍在最後一刻尷尬地揮手回應。

然後在路上行駛幾英里後，又有一個友好的人揮手致意。天啊，我心想，大家今天一定都過得很愉快。然後不到十五分鐘後，這種情況再次發生了。

此時，我開始感覺像電影《楚門的世界》中的楚門一樣，那是在他無意間發現自己是真人實境節目的主角之前。我無論如何也無法弄明白為什麼這麼多奇怪的人對我揮手。

經過幾天的這種情況，我終於看到了共同點——所有對我揮

手的人都是吉普車的車主。就在那時，我終於理解了那款超常見的保險桿貼紙：「吉普風格，你不懂。」

現在我知道怎麼回事，並明白成為這個俱樂部的一員意味著什麼，我開始更加密切地觀察其他吉普車。當我第一次主動對吉普車揮手時，我不想錯過那個重要時刻。

以前我從來沒有真正注意過吉普車，但只要開始留意它們，我就到處看到吉普車。有趣的是，我可愛又熱情的兩歲女兒也能發現它們。即使在一百碼外，她也會大喊：「我的吉普車！」我不忍心告訴她並不是所有的吉普車都是她的，我想你也一樣不忍心。

我一直在不斷地尋找（還有一位臉蛋粉潤超級可愛的美女協助），所以沒有錯過任何一輛吉普。事實上，幾乎每天都會看到吉普車。這讓我好奇，在此之前路上有那麼多吉普車嗎？或是喜歡開吉普車的人本來就很多，只是我現在才注意到呢？

原來並非只有「吉普風格」是這樣，這是一個被稱為頻率錯覺的現象（或者如果你想要更精確一點的詞，可以稱之為巴德爾邁因霍夫現象）。當你剛剛看到、體驗或得知某件事情後，它似乎變得無處不在。這可能是一個詞、一隻狗的品種、一個特定的房屋風格，或者任何事物。突然間，你意識到這個事物無處不在。事實上，它出現的頻率並沒有增加，只是你開始注意到它而已。[2]

我們有著同樣的機會在神的祝福中，體驗巴德爾邁因霍夫現象。祂的祝福總是存在的，但當我們開始尋找它們時，將會在每個角落看到它們。即使這種現象被稱為頻率幻覺，當人們開始看

> 通過認識生活中神的祝福，更能理解祂對我們的愛。

到神的祝福時，這絕非幻覺。人們所看到的是最純粹的現實形式，更能感受到祂的存在。通過認識生活中神的祝福，更能理解祂對我們的愛。

我很喜歡自己眼界打開，看到周圍不斷揮手的吉普車車主們，但更令我興奮的是，我對神在我生命中的祝福也更加敏感。

開始尋找祝福吧

當你開始尋找祝福時，請記住，被祝福並不一定意味著財富增加。而財富增加也並不總代表被祝福。當然，當耶穌使彼得的船隻滿載漁獲，甚至幾乎讓船沉沒，那確實提供了巨大的財務祝福[3]。神確實會這樣做。以為神只能透過金錢來祝福我們，這是極其短視的。如果你曾經處理過重大的健康問題，經歷過婚姻中的困難，失去過親人，有不好的癮頭，或面臨無數其他的挑戰，你就知道，無論你在財務上有多大的祝福，都無法解決這些問題。

當我收入最高的時候，我的健康出了嚴重的狀況。我本來以為我會因為財務上得到祝福而感到高興，但實際上，我每天都很不舒服，感覺不到財富增加有什麼好開心的。

另一方面，我也曾經歷過一段時間，銀行帳戶裡的餘額不如我所希望的多，但上帝似乎不斷地提供祝福和奇蹟，就像以色列在曠野中獲得的嗎哪[36]一樣。

上帝的道路高於我們的道路。假設祂只能用人造貨幣來祝福

或供應我們，這是對上帝的嚴重侮辱。

那麼，我們如何知道要尋找什麼呢？神的祝福可能以什麼形式出現？當你觀察生活常態時，尋找那些意想不到的事、看似巧合的事情、順利進展的事，在當中尋找神的作為。根據我的經驗，神常常以出乎意料的方式帶來祝福。在你的世界中，神正在哪裡做一些意想不到的事情呢？

大約兩千年前，耶穌說「施比受更為有福」[4]。在我生命的大部分時間裡，並不相信這句話。然後，當我們開始用付出的方式尋找上帝的祝福時，我開始相信了。我越是尋找，就越看到，而且也越明白祂一直都是對的。

㉖ 耶和華在曠野供應給以色列人的一種食物，色白純淨，外形小圓，有如芫荽子，降在以色列營的四周，必須親手去接，不然會融化。

第二十三章

捐贈六位數的秘密

大約二十四歲左右，我處於一個感覺什麼都不順利的階段。我仍然在企業界工作，覺得自己的職業生涯徹底失敗，做什麼都不順。我需要另一個觀點，需要有人提供智慧和建議，告訴我如何擺脫困境。

於是，我打了電話給教會裡一位年長的朋友，克里斯，他很成功，我也尊重他的建議。他算是我的生活教練，雖然他從不這樣稱呼自己。我們決定在芝樂坊餐廳見面，共進午餐。

> **琳達**：我敢賭，這是他其中一個策略。想跟你證明，要是你能成功在芝樂坊那多達一百多頁的菜單中，找出真心想吃的，那你做任何事都能成功。

我們一見面，他就直截了當地說：「好了，你想要什麼？」

被突然這麼問，我有些措手不及地回道：「你是說點餐嗎？但我只看到了第十八頁。」

他微笑：「你想從你的生活中獲得什麼？」

真是一個開門見山的重要問題。我不知道該如何回答。我到

底想要什麼呢？他繼續追問，直到我不好意思地說：「我想賺更多錢，這樣我就能買房子，並且也能奉獻更多。」

他說：「好的，那就要設定一些五年目標。你想賺多少錢？」

嗯，這真的那麼簡單嗎？我心想。你只是隨意地憑空想出一些數字，然後將它們設定為目標嗎？如果是這樣的話，那麼好吧，就漫天喊價吧。

雖然我過去三年才成功將我的三萬美元薪水增加了約四千美元，但我仍不顧一切地開口道：「嗯，我希望每年能賺二十五萬美元。那真的很不錯。這對我的家人來說會很好。我將能夠更好地照顧他們，還可以奉獻更多更多。」

他遞給我一支筆和一張紙，然後說：「好的，太棒了。把它寫下來。」

設定那些遠超過現實的目標，會讓人感到奇怪，你完全不知道它們如何實現。也許我不應該寫下這目標。萬一失敗了呢？

我的手抖了一下。寫下如此荒謬的事沒那麼容易。即使我內心每個角落都在喊著「這是不可能的」，但我還是依言寫下。

接著，克里斯問：「你提到了奉獻，你未來五年有什麼奉獻目標嗎？」

嗯。我從未考慮過這個問題。但既然我是漫天喊價……就在那一刻、在芝樂坊的角落座位上，我痛苦地意識到自己只有三萬四千美元的薪水，於是我設定了在接下來的五年內捐贈五十萬美元的目標。

然而，當我大聲說出這個目標時，克里斯對我發火了：「這

是胡說八道。那目標根本不合理。你不可能在每年收入二十五萬美元時，捐贈出五十萬美元。即使你明天就得到635％的加薪幅度，達到了你的薪水目標，然後在接下來的五年奉獻十分之一所得，你在第五年仍然只能捐贈出十二萬五千美元。」

克里斯是對的。賺取二十五萬美元的薪水並不能保證能達到我的目標。雖然我試圖提高收入沒有什麼道德上的問題，但先設定一個目標，而它的「副作用」會讓我賺更多的錢，似乎更加理想；它得是一個崇高且能永續追求的目標。但如果我真的達到了那個奉獻五十萬美元的目標，那可能意味著我的收入會比我所期望的大幅增加，我將擺脫那走進死路的討厭工作，這聽起來相當驚人。

所以我保留我那荒謬的捐贈目標。

當我走出餐廳，來到停車場時，內心很多不協調的感覺。這個捐贈目標是我渴望實現的事情，但內心告訴我這是不可能的。當然，或許其他人可以做到，但我做不到。

我沒有那些技能、沒有那些人脈、沒有那樣的職業道路。我找到了數百個理由，認為這永遠不會發生。以我的力量，沒辦法在五年內達到所有目標。

但是我有上帝。

雖然我不知道是否已經證明自己是一個可信賴的管家，有能力處理五十萬美元，但我得到了祂的保證：「讚美上帝！祂的大能大力，現在已經運行在我們的身上，這力量可以為我們成就偉大的工作，遠超過我們意想之外，連求都不敢求的。」[1]

上帝是宇宙的創造者，所以如果祂願意，要差使像我這樣的

人去做這樣的事情，對祂來說一點都不困難，對吧？我仍然有很多疑惑和問題。但僅僅是寫下目標，並敞開心扉面對可能的失敗，已經讓信心邁出巨大的一步——或許只是芥菜籽大小的信心，但它仍然是信心。

定義一個慷慨的夢想

在我們的生命中，上帝安排了一些令人驚奇的計畫。但祂只是在等待，等著我們相信祂這些計畫是可能的。如果你心中懷有一些巨大的奉獻夢想，我鼓勵你勇敢邁出第一步，將它們寫下來。即使只是看似微小的目標，也要寫下來。我要提醒你我最喜歡的一段經文：「不要輕視這微不足道的開始，上主喜歡看到所羅巴伯的手拿準繩，開始動工。」[2]

如果你從未將慷慨的夢想寫下來，並且不知道從何處開始，那麼我用多年前克里斯問我的問題來問你：你想要什麼？上帝放什麼在你的心中？更具體地說，如果你可以付出任何事物，那你會付出什麼呢？

你是否感覺到被特定的捐贈金額所吸引？幫助一個孩子？也許上帝正在引導你開辦一個非營利組織，在第三世界國家建造一所孤兒院，或者購買財產作為牧師退休的場所？不論主將何種慷慨的夢想放在你心中，都將其寫下來。

在你將慷慨的夢想寫下後，請包括你個人和家人的「非慷慨」夢想和目標。我發現，如果我們專注於協助天父的事工，祂必定會照顧我們的事務：「你們要先求祂的國和祂的義，這些東

西都要加給你們了。」[3]

　　在你寫下夢想時，不要擔心具體的實現方式。我們的工作不是去弄清楚一切如何發生，而是要信仰上帝。祂知道如何實現這些夢想。祂只是在等待著你和我接受這個邀請。

　　琳達：當你有了你的清單後，不要止步於此。將它放在你的書桌上、冰箱上或床邊。經常看著、為它們禱告，並思考清單上的事物，無論它們看起來多麼荒謬。我相信上帝會將只有祂能夠實現的夢想，放在我們的心中。

習慣於接受不可能的目標

　　那天我在芝樂坊與克里斯見面時，琳達和我幾乎破產。我們必須發揮創意，擠出二十美元來幫朋友買生日禮物。我有一點壓力和緊張，既想大膽慷慨地給予，但目前的資金又只能維持家裡基本生活。

> **馬上行動**
> 想要提前進行相關的挑戰並取得成就嗎？請翻到第254頁了解詳情。

　　我記得當時覺得自己像騙子，因為我知道永遠無法達到寫下的這些目標。整個過程感覺就像制定新年計畫一樣，不久後就會被遺忘。

　　我理解為什麼撒拉在神對她說她會在九十歲時生子時笑了出來。[4]我可以想像約瑟告訴他的兄弟們上帝給他的夢想時所經歷的痛苦。[5]瑪麗亞在天使告訴她，她將作為處女生子時，她可能

在想什麼呢？[6]

當你為了一份禮物，得要勉強湊出二十美元的時候，去想像自己捐贈五十萬美元，似乎是可笑的。它似乎遠遠超出現實的範疇，我不想讓我的思緒往那方向走。

琳達：但我們鼓勵你與上帝一同前進到目的地。不要思考你現在能做什麼，而是夢想著你希望能做到的事情。即使它看起來荒謬。

當談到「付出」時，「目的地」對每個人來說，可能會有不同的形式。也許是將收入的十分之一捐出，也許是送給某人一輛汽車，也許是捐贈數百萬元，又或者是讓你的牧師去度假。我們有無限的方式可以奉獻付出。

在目前的生活階段，「目的地」的意思是捐出我們收入的百分之九十。考慮到我們目前的環境，這似乎是不可能的。然而這是好事。因為如果我知道如何實現它，那麼這個夢想根本就不夠大。

馬克・貝特森這樣說過：

我發現，當上帝呼召我們去做某些事情時……這些事往往非你能力所及。需要的成本超越你擁有的資源、超越你的能力，往往它也會超越你的教育程度。但上帝似乎喜歡差使那些看似不合格的人，所以也許可以這樣

說，祂不召喚已經合格的人，而是因為祂的召喚，所以變得合格。[7]

當你要實現的夢想似乎遙不可及時，那麼光是寫下它都有困難。但就算如此，我還是希望你這麼做。

寫下夢想，為此禱告。然後按照主的引導，付諸行動。

如果確認這是上帝的一個夢想，那麼你無法靠自己的力量實現它。但請將夢想牢記在心中，祈禱並跟隨上帝，多年之後，等你回顧過去，你會驚訝地看到祂帶領你走了多遠的路程。

第二十四章

「淨付出」：最重要的指標

那天從芝樂坊開車回家時，我無法停止思考不久前設定的五年目標。這讓我想到了，那麼終身的財務目標又該如何設定。然後我問了這個問題，如果從「永恆」的角度來看，所謂的財務成功會是什麼樣子？當我思考這個問題時，我意識到「永恆的財務成功」與世俗對財務成功的定義大不相同。

世界告訴我們，財務自由是指在個人退休帳戶中擁有幾百萬美元，擁有一間度假屋，或者在四十歲退休。雖然這些目標本身沒有錯，但如果我們實際上是永恆的存在，地球上的生命只是短暫存在，似乎更聰明的做法，那就是積攢天堂裡的永恆財富，而非盡可能地在地球上囤積財富。

> 作為基督徒，應該以我們所「付出」多少，而不是積累多少的方式來定義成功。

如果是這樣的話，那麼我們應該停止按照世界的方式來定義財務成功，不該根據累積財富多少來定義成功。作為基督徒，應該以我們所「付出」多少，而不是積累多少的方式來定義成功。

當然，我有帳單要付、有孩子要養，還有一個喜歡偶爾度假的妻子。但使用遊樂園的比喻，這數千張遊樂園票券很快就毫無

價值，那麼積累它們根本是極為愚蠢。相反，我希望從最長遠的角度來思考財務成功——永恆的角度。我只需要一種追蹤它的指標。

獎勵貼紙圖表、追蹤表現、然後給予

想知道最偉大的育兒技巧之一嗎？沒有人告訴我們，但我想告訴你。我們發現，如果希望孩子主動幫忙做家務，只需要在冰箱上貼一張彩色方格紙，稱之為「獎勵貼紙圖表」。

砰！這個簡單的想法立即讓我們六歲的孩子從經常抱怨做家務，變成每天主動要求做更多。為什麼？因為每個人都喜歡看到自己朝著目標前進的進度，即使是成年人也一樣。老實說，人們都有點像六歲孩子，只是被困在更大的身體中。

我們兒子喜歡看到每一項家務都能在那張紙上，貼上貼紙。他越接近目標就越興奮。記住皮爾森定律：「當測量績效後，績效就會提高。測量會帶來回饋，依此頻頻做出改進。」[1]

當我們把圖表放在冰箱上時，他能立即看到自己的表現，不再憑感覺認定。他能清楚地看到那天完成了多少項家務。每次他走進廚房，就會看到那張表。他不斷地感受到自己表現的回報。結果就是他開始主動要求，想做更多的家務。

孩子教育成功，那麼，這和父母本人的夢想又有什麼關係？

我們可以使用相同的策略來衡量財務的成功，但目標不在於衡量所累積的財物，而是在衡量付出。我並不是建議你使用貼紙圖表來追蹤你的奉獻，但是原則基本一樣。我們可以使用我喜歡

稱之為「淨付出」的方式來追蹤奉獻。就像AUM一樣，這個計算只是一個簡單的數學問題；它就是我們所有奉獻出去金額的累加計算。

要能追蹤它，你只需要一本筆記或一張簡單的試算表。對於我們來說，只需記錄日期、付出的類型、受贈者、成本（或價值）和原因，並在成本欄底部計算加總。

日期	禮物	接受者	成本	理由
4/13/22	購買食物，製作並送遞餐點	塔米和麥克	$35	他們剛生小孩
4/19/22	在星巴克排隊，為排我後面的人買一杯飲料	不確定	$6	
4/26/22	給飯店工作人員小費	飯店員工	$20	
5/1/22	給予現金	教會	$200	
5/3/22	請葛蘭吃午餐	葛蘭	$40	他生日
5/8/22	買《財務自由21天改造計畫》這本書給提姆	提姆	$15	

儘管這個表格看起來很簡單，但對於琳達和我來說，它成為了改變遊戲規則的因素。它讓「付出」變成了可以追蹤、觀察和慶祝的事情。就像我在第一部分中提到皮爾森定律時所說的，當

你追蹤某件事情時，你的注意力自然會被吸引到它上面，並且能夠改善它。如果你不追蹤它，你對它的關注就會減少，於是成長的機會也會減少。

身為一個喜歡計算數字的阿宅，看到「淨付出」的總額年年增長，內心有股興奮，它就像是種獎勵一樣。

> 琳達：這是一個巨大的改變。這使我們擺脫人際攀比的陷阱，因為現在我們正在參與一場不同的競賽。
> 不管身邊的人是否都在炫富，想效法卡戴珊家族之類的；這些都不重要；我們專注於更好的事物。而這個數字的存在，能讓我們保持追求真正最重要的目標。

乍看之下，這可能看起來像是一種自我勝利法，一種自我讚揚的方式。但我們不這麼認為。我和琳達認為這是讓上帝得到更多榮耀的方式。這是祂持續展現的神蹟，讓世人看到，祂可以協助像我們這些極為平凡的普通人，成就出種種不可思議。

當我和琳達開始追蹤奉獻付出時，心裡重新燃起目標，讓我每天有動力起床。我不再為了支付帳單、供應食物或讓銀行帳戶上的存款增加而痛苦地爬起床。我每天醒來，然後工作，是為了能在神的國度中產生影響，改變自己的生命。

追蹤這個數字使得奉獻更好玩。它激發我們尋找新的、有創意的奉獻方式。當我們看到奉獻所帶來的果實時，又會激勵付出更多。

琳達：這絕對使我擺脫了總是想要更多物質生活、更多金錢、更多消費的心態！事實上，擺脫那種思維方式，轉而專注於更有意義、且具有持久影響力的事情上，真的讓我感到非常自由。

一旦你開始追蹤最重要的指標，也就是你的「淨付出」，我相信你的世界將會改變。像我們一樣，你會更加意識到，上帝是怎麼透過你來祝福他人的。你將在內心點燃一把火，進一步建立

馬上行動
想要提前進行相關的挑戰並取得成就嗎？請翻到第255頁了解詳情。

祂的國度，傳遞祂的祝福，而這些影響將在你被召喚回天國之後，仍然持續存在。

要追蹤哪些

琳達和我追蹤所做的每一項奉獻。捐款給教會、生日禮物、籌辦嬰兒派對的用品、為新手父母準備餐點、我們追蹤幾乎所有贈送出去的東西。當然，並非所有事情都可以量化，顯現在表格上。有很多慷慨的行為無法以數字來衡量，這也沒關係，我們仍然會將它們納入清單中。也會將所有這些列出來，是為提醒我們，最重要的事情在於「付出」而非「積累」。

永遠不要壓抑慷慨的念頭

幾年前，我聽到一段簡單的話，它成為了我碰到有奉獻機會時的指導原則。

永遠不要壓抑慷慨的念頭[2]

當一個想慷慨捐助的念頭浮現在我的腦海中時，它可能並非偶然。如果魔鬼喜歡偷竊、殺害和摧毀[3]，那麼它不太可能敦促我對他人表達友善。我知道這個慷慨贈予的念頭很可能是聖靈試圖引導我走上的道路。

所以當我想要給某人一份不特定的禮物、替人買咖啡，或者傳訊息給多年未曾交談的某人時，我不會壓抑這種念頭。我會追隨它。而上帝從不讓我失望。

琳達和我在過去幾年中一直試圖實踐它，我們也見證了許多和上帝有關的驚奇故事。如果你想知道自己該在何時何地奉獻，請禱告，並留心上帝傳達給你，應該如何表現慷慨的想法。

琳達：十多年前，我感受到上帝引領，想要擁抱一位剛失去父親的朋友。現在，每次我見到他，他都會提到那個擁抱對他是多大的祝福。一個擁抱！令人驚奇的是，光一個簡單的善舉，就可以改變人們的生活。

「淨付出」和「受管理的資產」（AUM）
如何相互配合

　　我們持續將奉獻付出的目標置於其他任何財務目標之上，並希望看到淨付出每年增長。但同時也繼續追蹤「受管理的資產」（AUM）；並且已經決定，淨付出為首要目標，而AUM則是次要目標。這兩者都很重要，但是有所不同。

　　簡單來說，我把淨付出視為追蹤天堂幣的指標，它所追蹤的，是我們在天堂積攢的財富。而AUM則是在地球的追蹤指標，它追蹤的是，上帝在地球上委託我們打理的資產。

　　琳達：我們希望看到這兩個數字都增長，因為每個數字都有其目的和價值。但自從得到了「遊樂園票券」即將到期的啟示後，淨付出成為最高優先事項。

　　現在，你可能會認為這兩個數字應該是直接相互對立的，對吧？如果你捐贈某物，就意味著將其從你的資產中移出。結果，你的AUM就會減少。這是基本的數學，對吧？

　　但是，這裡是令人驚嘆的部分。在過去的十五年裡，隨著透過奉獻增加了我們的淨付出，但AUM也以幾乎相同的速度在增加。

你可以看一下圖表：

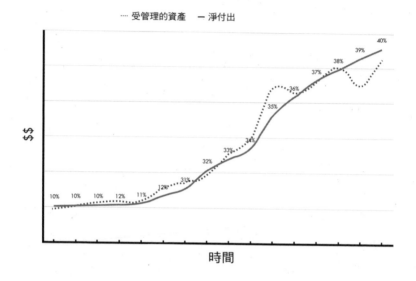

⋯ 受管理的資產　— 淨付出

琳達：在自然界中，這一點都不合理。特別是考慮到大部分時候我們捐贈的金額超過了收入的百分之三十。但這就是上帝的作為！祂的道路不同於我們的道路。觀察這一切是如此有趣，但如果沒有追蹤指標，將永遠不會發現這些！

當我們「先求祂的國和祂的義」時[4]，上帝照顧著一切需要。我們只需要跟隨祂的呼召。

在那些AUM沒有增長的年份，也不感到困擾，因為增加AUM不是主要關注標的。我把它看作是上帝在調整事物或是考

驗，看看我們在不景氣的一年中如何應對。當事情不如預期時，我們是否仍然願意奉獻？我希望答案總是肯定的。

錯過的目標，和更大的格局

我和克里斯在芝樂坊用餐已經過去五年。我坐在辦公室裡，回顧著我們的淨付出表格，心情複雜。我沒有達到我設定的五年目標。我當然沒有達到。五年內捐贈額達到五十萬美元？我當初在想什麼？

但是當我研究過去五年的奉獻情況時，我看到了上帝做了大事，我心中充滿喜悅。當我們按照上帝的引領奉獻時，成為了許多驚人時刻的一部分：交給某人一張支票時，他們分享自己喜悅之淚；給新手父母送去餐點時，聽到他們的寬慰之聲；傳遞出的匿名和意外的禮物、餵飽飢餓的孩子、資助福音相關事工；幫助寡婦們並得到她們的支持……以及許多其他的事情。

這些時刻湧上我的腦海，填滿了我的靈魂。我心中沒有失落的空間。我們有幸透過奉獻付出，參與了上帝的工作。是否達到目標甚至不重要，重要的是這份工作本身。

四年後，我正在填寫淨付出表格。我瞥了一眼總數，看到那已經超過了五十萬美元。對於上帝所做的一切，我感激不盡。這個看似愚蠢的小目標，本應該需要我們花一輩子的時間才能達成，但祂在九年內就實現了它。

當然，上帝的故事還沒有結束。幾年後，當我再次檢查數字時，我瞠目結舌。祂更進一步，將我的目標翻倍了。我們的淨付

出已經超過了一百萬美元。

　　就像那五餅二魚的小男孩一樣，我們所能提供的並不多。小男孩當然沒有辦法餵飽五千人的人群，就像我們本來沒有辦法捐出一百萬美元一樣。但當我們將所擁有的，交到耶穌手中，一切皆有可能。

第二十五章

讓付出變得更容易也更有樂趣
的四個小技巧

我希望幫助你在付出方面取得成功。多年來，我們犯了許多錯誤，因此想要分享一些對我們非常有幫助的小技巧。希望這些對你也有所幫助。

小技巧一：從感恩的心和心痛中奉獻

雖然知道想要給予更多，但琳達和我偶爾會苦苦掙扎一個問題：我們應該對誰付出？我從未想過這會成為一個問題。顯然，誰最需要錢，不是應該很明顯嗎？然而，我們的確碰到了這個問題。而且也不是只有我們有此疑問。許多奉獻者都碰到類似的問題。

你應該奉獻給教會嗎？你親戚的「GoFundMe」募資平台？街友？你在Instagram上追隨的牧師？打擊非法性交易的組織？還是其他什麼？似乎有無窮無盡的選擇。

多年來，我們苦惱於如何縮小付出的範圍。後來，琳達和我偶然遇到一位叫安迪・史坦利的牧師，他給出一些簡單又有幫助

的建議，我們對這困擾的看法開始越來越清晰：「從感恩的心和悲傷的心中奉獻。」[1]儘管也有很多方法來確定要付出的對象，但我發現這個簡單的建議是一個很好的開始。

琳達：換句話說，你因為某些人或組織的祝福而心存感激嗎？你希望看到世界上哪些令人心痛的問題得到解決？

你對什麼心懷感恩？

在過去十五年裡，我們對所參與的兩個傑出的教會深表感激。沒有任何組織像它們那樣，直接對生活產生了影響。安迪·史坦利的建議只是證實了我們已經相信的事情，那就是把十分之一的收入，奉獻給所在的本地教會，這是一個重要且優先的奉獻。我們希望確保本地教會能夠繼續發揮影響力，並在未來體質強健。

你對什麼懷抱著感恩？你的教會、你孩子的學校，還是在你需要時，曾幫助過你的當地非營利組織？或者完全不同的其他事物？還有，你對哪些人感激呢？一句簡單的讚美很重要，但為什麼不用一些鮮花更具體化你的感激呢？或者邀請他們來家裡共進晚餐、慶祝他們的生日？或者——這是我個人最喜歡的之一——匿名送上一份你知道會讓他們感受到祝福的禮物？

現在讓我們來談談，剛才建議如何奉獻的第二部分。

什麼讓你心痛，感到悲傷？

耶穌經常提到金錢與心之間的聯繫。我們的奉獻和付出，應該要滿足這世界的需求；這很合理。付出只是個簡單的動作。我可以透過這個方式，促使事情發生改變。

但我們需要在這裡做出一個重要的區分，有時候悲傷和罪惡感之間的界線不太好區分。例如，一個組織使用影像和圖片，告訴大家一些先前可能不知道的事實；然而，同一個組織想用罪惡感來施壓，要人們奉獻。

請記住，「付出」是信徒們的使命，並不需要靠壓迫的方式來達成。我喜歡尤金・畢德森在《信息本聖經》中，對哥林多後書9:7的意譯：

> 各人要隨本心所酌定的，不要作難，不要勉強，因為捐得樂意的人是神所喜愛的。

我們容易被周圍的傷痛所引導。或者被誰大聲呼喊的人所牽動。但我相信只有隨上帝的引導時，奉獻付出才最有效。在決定是否奉獻時，我會花時間禱告，確保在奉獻時，心中平靜。如果我感覺被推動或被迫奉獻，那麼我會知道自己是被迫在給予。

那你呢？你為了什麼悲傷，心碎？你覺得世界上出了什麼問題？也許是人口販賣，也許是飢餓，也許是伊拉克對基督徒的迫害，或者其他任何一個原因。

琳達：鮑勃和我聽到教會的一位教友，講述人口販賣的

故事。我們都因受害者而心碎，無法克制眼中的淚水。我記得當時，我想到孩子們每天面臨的恐懼時，哭得很傷心。沒有任何脅迫或操縱，就只是接受了這些訊息，並立刻窺見了上帝對此的感受。這件事讓我無法忘懷。在接下來的幾週和幾個月裡，鮑勃和我一直在討論，並為該做什麼而禱告。這一切影響巨大，也成為我們確定自己必須採取行動的原因。從那一刻起，我們決定使用自己的財物來提供幫助。

「對個人付出」vs.「對組織付出」

我曾經多次討論，要把善款捐贈給特定個人，還是捐給組織。答案是兩者皆可。每種捐贈方式都有其優點和缺點。當你將善款捐贈給個人時，你通常能親身體驗接受者的感動，能親眼目睹其影響，這可以帶來深刻的滿足感。

另一方面，組織通常無法提供這種好處，但卻往往可以在更大的範圍內產生影響。例如，某些組織可以用我個人無法做到的方式，接觸人群。有些組織集結資源，能創造出對社會有益的事物，例如撒馬利亞救援會、國際關懷會，甚至水族館或動物園。而且，一些組織可以利用其規模影響公共政策，這都是個人無法做到的事情。

重要的是，這兩種方式都可行，你可以用它們來影響世界。我相信兩者都具潛力，都可以產生重大且永恆的影響。因此在準備捐贈時，每一個方式都考慮看看，最終要遵從上帝的引導。

有沒有什麼讓你心碎的事，是更貼近你生活的？你是否認識一個單親媽媽需要休假的？你能不能聘請人來幫她打掃她的房子？或者你有一位喪夫朋友感到孤獨。你能不能帶她出去吃午餐？上帝賦予了你什麼機會和能力去幫助別人呢？

小技巧二：以百分比來捐贈

在約翰·D·洛克斐勒每週賺取1.5美元的時候（即使在當時這不算多），他承諾捐贈百分之十。他的承諾不是「我將捐贈十五美分」，而是「我將捐贈我所賺取一切的百分之十」。

因為他承諾，以一定比例的收入作為捐贈，他後來回顧人生，發現自己捐贈了數百萬美元。他說：「如果我在初次賺到的第一百萬美元之前，沒有捐贈我的第一份工資（每週1.50美元），我永遠無法捐贈那麼多。」[2]

我知道，人們總覺得，當收入更多時，一定會捐贈更多；但事實並非如此。帕金森第二定律表明，我們的開支會隨著收入增加而增加（白話來講：我們總是花光全部收入），除非事先建立了優先考慮捐贈的制度。

有好些年，我只會在支票帳戶中有餘款時才捐贈。有些月份可能只有一點點；其他月份可能沒有任何餘款，就沒有捐贈。結果是，我不僅沒有捐贈我本想捐贈的金額，而且總覺得壓力重重。

我還記得我第一次做出每個月要按比例捐贈的決定時。一、這讓捐贈變得更加輕鬆。我不需要思考這個月要捐多少，因為這

已經被確定下來了。二、當我選擇應用第五章的內容，利用自動扣款捐贈時，我不再需要思考何時捐贈以及捐贈給誰；一切已經設置好了。所以，我有生以來，第一次成為了一個穩定的捐贈者。

最後，我學到了，如果我承諾以特定比例捐贈，輕輕鬆鬆就能讓捐贈金額配合收入多寡而自動調整。我不需要為自己捐贈多少錢而產生壓力，因為我的捐贈錢額是基於一個比例。它還有額外的好處，當我的收入增加時，我保持不變的是比例而不是金額，這自然提高了我的捐贈金額。

如果你還沒有這樣做，請在禱告中，承諾會以你收入的一定比例捐贈。當你這樣做時，會發現捐贈會更容易持續，並且隨著時間增長，增加捐贈金額也變得更容易。

沒有放諸四海皆準的規則

以我們家的孩子為例，他們盯著螢幕的時間和吃零食的規定都是不同的，因為每個孩子都有獨特的天性和傾向，所以我以不同方式來教養他們。雖然有相同的基本規則，但是我想保護他們，我給予每個孩子明確的指示。我相信上帝給予我們有關捐贈的指示也是如此。

是的，身為信徒，大家都有慷慨捐贈的使命，但不能因為我們使用年齡當成捐贈比例，就代表你也應該這樣做。也不能因為街上的鄰居捐贈了一半的比例，我就該跟著這樣做。

請記住保羅的話：「你們每個人務必在心裡決定捐出多少，不要勉強，也不要迫於壓力去做，因為上帝喜愛樂意捐獻的

人。」[3] 你不應該對自己的捐贈感到羞愧或內疚。不要與他人比較。上帝愛你，祂對你的愛，和祂對最激進捐贈者的愛是一樣的。我們的捐贈並不是為了贏得祂的認可。

但我確信上帝邀請你和我一同參與和祂同行的共同冒險。無論你在旅程中處於何處，都不重要。達到更高層次的捐贈方式，是繼續慷慨行善，而不是等待更多收入。不斷向前邁進。先捐贈；在小事上證明你的忠誠；然後看著上帝如何將更多資源託付給你。[4]

小技巧三：建立種子帳戶

你是否曾遇到一個你想支援，但沒有足夠預算的「GoFundMe」募資平台呢？或者也許你忘記了侄女的生日，臨時沒有錢買禮物。我們都有過這樣的經歷。往往一個意外的捐贈機會出現了，結果卻苦於資金短缺。

在經歷失去太多上帝給予的機會後，琳達和我決定開設「種子帳戶」。我們在每月預算中設立了一個專門用於捐贈的項目。這個帳戶中的錢僅用於捐贈，沒有其他用途。

這是一個基於屬靈真理的真實轉變（意識到，那不是我們真正的財富），這會使得捐贈變得更容易。這個僅花費了兩分鐘的決定，帶來了巨大改變，讓我們能夠充分享受捐贈，從中不斷獲

> **馬上行動**
> 想要提前進行相關的挑戰並取得成就嗎？請翻到第256頁了解詳情。

得喜悅。但當我們建立了種子帳戶後，這種喜悅達到前所未有的高度。

琳達： 這真是太棒了。我們的錢以前都放在一個大桶子裡，常常在「日常開銷」和「追隨捐贈想法」之間搖擺。有了種子帳戶，一切都改變了。當我們把錢放在單獨的項目中時，捐贈變得輕鬆有趣。錢只是在那裡，等待著被用掉。就像花別人的錢一樣。你對它有完全的自由，可以盡情捐贈！

我們捐到何處

琳達和我花了超過十五年的時間，才釐清了上帝託管的金錢應該捐贈到哪裡。這些比例在未來肯定會有所變化，但這是在本書出版時我們所確定的方向。

當然了，這不是對你的指示，只是提供靈感。如果你是那種喜歡看到細節才能激發靈感的讀者，那麼這會有用。

正如之前提到的，主引領我們採取了這種「以年齡當成比例的捐贈」的捐贈框架。因此，自那時以來，我們每年增加1％的捐贈（我每年增長一歲）。奇妙的是，在祂的智慧中，這一直是一個很好的挑戰。

在撰寫本文時，我們每年捐贈比例是40％。以下是收入分配方式：

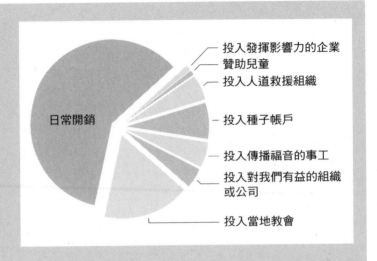

投入發揮影響力的企業
贊助兒童
投入人道救援組織
投入種子帳戶
投入傳播福音的事工
投入對我們有益的組織或公司
投入當地教會
日常開銷

一、感激捐贈：

- 17%捐贈給所在地的教會。
- 4%捐贈給讓我們從中受益的組織。
- 1%捐贈給會對世界產生影響的企業（為了購買一件不使用奴工的衣服，背後成本更高，因此將成本差異視為一種付出行為）

二、撫平心痛捐贈：

- 5%捐贈給專注於傳播福音的事工。
- 7%捐贈給種子帳戶，專門用於臨時捐贈項目。
- 5%捐贈給能讓心中悲傷得到安慰，處理問題的組織。
- 1%捐贈給我們在宏都拉斯贊助的孩子。

小技巧四：實行50/50規則

你想知道增加捐贈金額最簡單的方法嗎？每當我們得到加薪或收入增加時，就設立了一個簡單的規則來利用這多出來的收入。這個稱為50/50規則，運作方式如下：當獲得加薪時，將增加的金額平均成兩半，平均分配給日常使用和捐贈。

想像一下，你每月得到了五百美元的加薪。大多數人會用來提高生活水準。他們可能會更頻繁外出用餐，增加買衣物的預算，儲蓄起來，甚至加倍還款，減少債務本金，以便更快地償還貸款。不過，要是你採取另一種不同的方法呢？

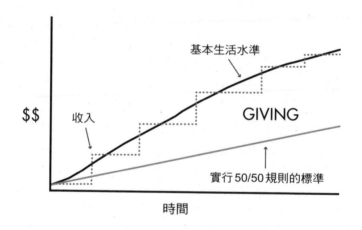

如果你只將生活水準提高相應於多出兩百五十美元的程度，然後把另一半的兩百五十美元捐贈出去，這難道不是一個巨大的祝福嗎？把每月的加薪幅度限制住一半，這樣可以增加捐贈額度，而完全不會感到犧牲。

當琳達和我的收入增加時，目標並不是讓生活水準相對應地提高，而是繼續擴大收入和支出之間的差距。如此一來多出來的收入，會讓我們有更多的機會捐贈，而非變成支出。

理財顧問提姆‧莫恩斯採取了一種有趣的方法。他決定進行為期六個月的實驗，將家庭生活水準限制在一定範圍內，並將多出的部分捐贈出去。他想看看自己是否能做到這一點，我相信大多數人也很好奇。

在那六個月的時間裡，莫恩斯每天花十五分鐘禱告，思考要捐贈到哪裡，怎麼捐贈。他表示，當他這樣做時，「冒險才真正開始」。試驗期結束後，莫恩斯得出結論說：「在財務方面，我們比以往任何時候都更加自由，『任何』時候。我看到了上帝在我生活中的恩典。」莫恩斯和他的家人決定無限期地繼續進行這個實驗。[5]

正如之前多次提到的想法，也許上帝的賜福不僅僅是為了提高我們的生活水準，而是為了提高我們的捐贈程度呢？

第二十六章

蝴蝶效應

　　科學家們描述了一個被稱為「蝴蝶效應」的瘋狂現象。根據這個理論，蝴蝶翅膀擾亂的空氣分子，可以在幾天後，影響到遠在地球另一邊的天氣。有聽過嗎？一隻蝴蝶可以影響龍捲風的形成。（這是真的。你可以查一下。從科學上來說，這被稱為「初始條件的敏感性」。）[1] 蝴蝶效應不僅適用於空氣分子和天氣模式，它還適用於更多的事情。在某個情況的開端做出一個微小改變，可以在未來產生巨大的影響。這包括一個小小的慷慨行為。

　　我從一位名叫安迪·安德魯斯的暢銷作家聽來一個故事，它可以證明[2]。

　　多年前，一位名叫諾曼·布勞格的男子被 ABC 新聞評為每週人物。為什麼呢？因為他靠著培育玉米和小麥的技術，讓超過十億人的生命免於飢餓。是的，超過十億人。

　　但是諾曼·布勞格能不能算是拯救那十億人生命的最大功臣呢？

　　嗯，如果沒有另一位叫亨利·華萊士的人，這些人的生命也不會得到拯救。華萊士在一九四〇年代初，擔任美國副總統。根據安德魯斯的說法，「（他）利用該職位的權力，在墨西哥建立了一個專門為乾旱氣候培育玉米和小麥的研究機構。並聘請了一

個年輕人名叫諾曼‧布勞格來管理。」

那麼，亨利‧華萊士應該得到拯救那十億人生命的榮譽嗎？

事實上，華萊士在六歲時，得到了來自愛荷華農業學院的一位學生的指導。這位聰明的學生帶著年幼的華萊士參加植物考察隊，並讓他知道，植物對人類有哪些潛在影響的願景。這位學生正是以研究花生聞名的農業科學家喬治‧華盛頓‧卡弗。他用研究植物的方式，推了華萊士一把，朝著為世界謀福利的方向前進。

我不禁問自己一個問題，倘若卡弗沒有指導過小時候的亨利‧華萊士，會怎麼樣呢？那十億人的生命會發生什麼？

這就是蝴蝶效應。

喬治‧華盛頓‧卡弗研究出花生的三百多種用途，也研究出番薯的一百多種用途，對這個世界有巨大的影響。[3]但你認為他是否意識到，自己對亨利‧華萊士那短暫的指導，將會帶來多大的影響呢？想想它在日後會拯救那十億生命時，不禁讓人驚嘆。

今天，也像歷史上一樣，每一個慷慨的行為都有蝴蝶效應，無論是在現世還是在另一個世界。比利‧葛理翰曾說：「在天堂，我將全心全意地希望，那些從我指縫中流逝的機會能回來，哪怕只是千分之一。那些無數次，本應能榮耀主的對話，但我卻錯失了的那些機會。」[4]他似乎明白這種效應。他知道，在某一刻的短暫對話或簡單的舉動可能產生永恆的影響。

> 直到你到達天堂，不然永遠無法理解每一個慷慨行為所帶來的深遠影響。

朋友，直到你到達天堂，不然永遠無法理解每一個慷慨行為所帶來的深遠影響。

第三部分

11. 辨認你想付出的夢想
（重溫第227-230頁）

今天，幻想著你希望能在神的國度中發揮怎樣的影響力。不要管你目前的力量中能做什麼，而是要敞開心，大膽作夢，並向上帝祈求創意。

然後花個五分鐘思考，要實現這夢想需要多少成本。你可以用Google搜尋，然後在後面加一個「多少錢？」來得到大約的金額。

記住，如果這個夢想不夠讓你感到害怕，就代表它不夠大。

○ 在這裡寫下你夢想要如何付出：

_____

_____

_____

○ 實現這個夢想的大概金額？

---

12. 建立你「淨付出」的表格

（重溫第231-238頁）

今天的挑戰是建立一份文件，用來追蹤記錄你捐贈出的所有事物。考慮追蹤以下項目：

- 在星巴克買咖啡給朋友（或陌生人）
- 奉行什一奉獻，給所在地的教堂
- 捐款給你最喜歡的非營利組織
- 幫有新生兒家庭裡的母親準備飲食餐點，減輕她的負擔
- 幫單親媽媽照顧小孩

○ 從今天開始追蹤你付出的情況。你可以使用筆記本、自己建立試算表，或者使用我們提供的「淨付出總表」的範本。請至 seedtime.com/ng 以獲取範本。

○ 在你的行事曆上（使用 Siri、Alexa 或 Google），每月設定提醒，以更新你的「淨付出總表」。

13. 發自內心的付出

（重溫第241-244頁）

　　找出會帶來緊張壓力的捐獻。這是我最喜歡的方法之一，列出感激的事物和讓你心痛的事。我們就來這麼做。

○ 列出你感激的組織和人士的清單

_____

_____

_____

_____

_____

○ 再列出在世界上、你的國家、社區或鄰里中令人心痛的事物清單。

_____

_____

_____

_____

如果列出這些清單需要協助，請花十五分鐘與你的配偶或朋友一起禱告和討論。如果你確定要捐獻的方向，但不確定要捐給哪個具體組織，你可以使用像 guidestar.org 或 charitynavigator.org 這樣的工具網站來尋找處理這些問題的組織。

14. 決定奉獻百分比
（重溫第245-246頁）

如果你目前還沒有按照一定的百分比奉獻，那就讓我們今天開始改變這種情況。如果你還沒有確定的數字，那就從這個月開始奉獻你收入的百分之一開始。如果你已經按照一定的百分比奉獻了，就在禱告中決定是否保持現狀或者提高奉獻比例。

看看你在第十三項所列出的清單，然後把你要付出的比例填在下方：

○ 我將以會把我每個月收入的 _____ ％ 捐贈給

_____。

15. 創建一個種子帳戶
（重溫第247-250頁）

今天就來建立你的「種子帳戶」，你可以使用自己偏好的預算系統。

○ 為你的種子帳戶建立一個預算類別（以及／或一個單獨的銀行帳戶）。

○ 每次收到薪水時，寫下你會轉入種子帳戶的金額：

_____

○ 設定提醒（利用 Siri、Alexa 或 Google 幫忙），在每次收到薪水時，把錢轉進你的種子帳戶。能設定自動轉帳功能更好。

第四部分

盡你所能地享受

財富，是能充分體驗生活的能力。

—— 亨利・大衛・梭羅

沒有什麼能比新鮮出爐的自製麵包更美味，它能讓整間屋子在瞬間充滿香氣，太棒了。我很喜歡這樣的感覺。因此，當我和琳達新婚時，我決定給我的新娘留下深刻的印象：學習如何烘焙麵包❷。

　　你也許已經知道，麵包只有幾種關鍵的成分：麵粉、水、鹽和酵母。但問題在於：如果你忘記了其中一種關鍵成分，那麼最後的成品就會大不相同。

　　我有一次學到了這教訓，當時我忘了加入酵母。一開始，我以為沒有加入酵母應該還好。畢竟所有食譜中的酵母量幾乎只有一點點。結果，最後我做出了一塊硬得像磚頭的烤麵團，無法下嚥。

　　如果你曾經犯過這個錯誤，那麼你將親自體驗到酵母對於製作完美麵包到底有多重要。琳達和我意識到，理財公式也是如此。如果要得到預期的結果，需要這四個要素（省、賺、付出、享受）全都齊備。

　　到目前為止，我們已經討論了如何盡可能地節省、盡可能地提高所得，以及盡可能地付出。現在，要將把焦點轉向公式的第

---

❷ 這個時候我還沒有發現酸種麵包的獨到之處，我做的只是普通麵包。我幾乎不挑食，但請相信我，這絕對無法下嚥。

四部分：盡你所能地享受。這四個要素共同作用，幫助實現豐盛的生活和永恆影響。然而，就像麵包食譜一樣，如果你遺漏了其中一個要素，可能就無法獲得期望的結果。

如果只是盡可能賺取財富，然後在地球囤積物資，那麼我們目光短淺。如果盡可能奉獻付出，但我們的消費卻失控，便會錯過很多付出的機會。如果我們盡力節省、盡力賺和盡力付出，但卻無法享受整個過程，我相信更會錯過耶穌所應許的豐盛生活[1]。

在提摩太前書第六章（關於奉獻的另一個精采章節）中，保羅說上帝「倚靠那厚賜百物給我們享受的神」。你有注意到嗎？上帝提供給的一切都是為了我們的享受。

人們可以享受工作、可以享受明智的花費、可以享受刺激的慷慨奉獻之旅，也可以享受上帝給予的祝福，無論是物質上的還是其他方面的。

只是，為了避免混淆，這部分的內容並不是要把金錢作為生活中快樂的來源提升。如果我們發現追求的最終快樂來源不是上帝的作為，必將感到失望。C・S・路易斯在他的書《返璞歸真》中寫道：「我們稱之為『人類歷史』的東西，差不多全由這種嘗試形成，諸如金錢、貧窮、野心、戰爭、賣淫、階級、帝國、奴隸制度等等。陳列在人類歷史長廊上的這些東西，正在說明人怎樣力圖在上帝之外找尋可以給他們幸福的東西。」

因此，在這一部分中，我們將探索如何在不害怕、內疚或羞愧的情況下享受上帝的祝福。以及如何享受那些通常不認為能帶來愉悅的事物。許多人並不喜歡我們之前討論過的前三部分。他們討厭節省，討厭自己的工作，也討厭付出。但其實並不必然如

此。

琳達：這是真的。你確實可以享受這三個部分。而且，當你喜歡自己的工作、更聰明地花錢並且享受付出的樂趣時，你更會想持續下去！

而這正是我們所追求的目標。

第二十七章

享受真實的發展過程

在二〇〇五年，琳達和我一無所有：收入很低，還揹著一大筆債務，迫切希望能清償。我生活就像場戰鬥，脫離債務、扭轉財務生活的戰鬥。我必須說服琳達這一切都是值得的。

我記得當時試著向她解釋，儘管困難重重，但這種情況不會持續太久，還清債務後，一切都值得了。我們將存下買房的頭期款，捐出更多錢，享受更多旅行。這正是我和琳達都想要的。

那時必須暫時放棄一些事情。正如作家約翰・索福瑞克所說：「獲得自由的方式，就是暫時放棄所有的自由。」而我們正在這樣做，為了追求渴望的自由，暫時放棄了許多東西，包括：

- 我們是新婚夫婦，但我在週末的晚上十點到凌晨兩點寫作，試圖經營部落格，看能不能帶來一些額外收入。
- 在結婚之前，琳達一直住在她父母的房子裡，每個月有約八百美元的可支配收入。現在，我要求她個人開銷每個月不能超過五十美元。
- 儘管有能力購買獨棟住宅，但我們選擇住在公寓裡。
- 我繼續開著那輛已經使用了十二年的福特金牛座——不買

新車。

總而言之，我們做出了很多犧牲。其實並不需要走得那麼極端，但我直覺上認為，犧牲越大，就能更快地達到目標，來到另一邊。

走向擺脫債務的道路上有許多起伏。但我明白了一個道理，無論是實現財務目標——償還債務、達到儲蓄目標或捐獻目標、買房屋——這樣的道路通常會遵循相似的軌跡。當你了解運作方式，就能更輕鬆地享受旅程的過程。

財務發展的第一階段：願景

琳達和我正處於發展的第一階段，我喜歡稱之為願景階段。我對我們的財務有個願景，一個計畫。我所要做的就是實現它，付出努力，並觀察發展。簡單，對吧？

人們往往認為，發展應該與付出的努力成正比。我們還期望發展的程度在整個旅程中保持一致。但實際上，發展往往與期望截然不同。

有好幾個月，我們很難保持動力，特別是當出現意外支出時，使小小的進展又退回原位。本來為了達到目標而做出犧牲，卻又退步了。

這讓我想起習慣專家詹姆斯·克利爾對這情況的解釋：「在任何任務的早期和中期階段，通常都會經歷一段失望的谷底。你期望發展是呈線性的，但在最初的幾天、幾週甚至幾個月內，似

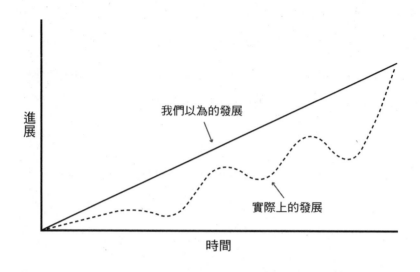

進展

我們以為的發展

實際上的發展

時間

乎沒有變化成效，讓人感到沮喪。似乎感覺一無所獲。」[2]

　　你曾經有過這樣的經歷嗎？在谷底掙扎，看不出努力和目標之間有什麼關聯，那個時期就像我和琳達一樣，你需要一個不同的視角。

　　美國媒體記者雅各・Ａ・里斯曾寫道：「當一切都未見成效時，我會去拜訪石匠，他不厭其煩地敲打著石頭，也許敲了上百次都沒有裂痕出現。但，在第一百零一次敲擊時，石頭卻劈成兩半。我知道並不是那一擊讓它裂開，而是因為前面所做的一切。」[3]

　　回想一下那些犧牲的時刻。你能理解石匠的感受嗎？我能。當你了解這個過程，你會享受敲打石頭的過程，知道石頭即將裂開，事情即使看不到任何發展，也知道改變就在轉角處。

財務發展的第二階段：動力

我腦海中對一個銀行大廳印象深刻，能夠從記憶中描繪出來。它裝飾得像一般的銀行一樣：深色櫻桃木辦公桌，牆上掛著俗氣的畫作，當然還有很多米黃色的辦公設備。雖然已經過去了十四年，我最後一次站在那個大廳的記憶，清晰得恍如昨日。

為什麼呢？因為這個銀行大廳是我們償還第一輛汽車貸款的地方。把支票交給出納員的那一刻，將永遠刻在這一生的記憶中。這不僅僅是還清一輛車的貸款，也是第一個目標的里程碑，證明努力（不斷敲打石頭）是值得的。

我們已經進入了動力階段，可以說是旅程的一個轉折點。我們付出努力，做出犧牲，數個月來一直沒有看到結果。現在開始看到了——困在小公寓裡、緊縮預算、夜晚加班——這些犧牲正在結出果實。

那種勝利的體驗激發了繼續前進的欲望，產生動力。在接下來的幾個月裡，我們更快地達到了新的里程碑——首先付清了所有信用卡的債務，然後是車貸，接著是就學貸款。我們喜歡看著AUM增加，每還清一筆債務，就更渴望繼續前進。

每一次勝利到來，動力就越來越大。開始達成巨大的里程碑。我們將我的部落格轉變為全職收入；琳達從她的工作中「退休」來幫助我經營業務；開始用夢寐以求的方式奉獻，一切都超

馬上行動

想要提前進行相關的挑戰並取得成就嗎？請翻到第290頁了解詳情。

出預期，速度遠遠超乎想像。

這就是財務道路發展的特點；通常在一開始需要更多的努力，而後期需要的努力則較少。一開始時，發展往往不如預期快速，出現的問題也比預期多。

但只要你跨越了轉折點，情況就會開始截然不同。

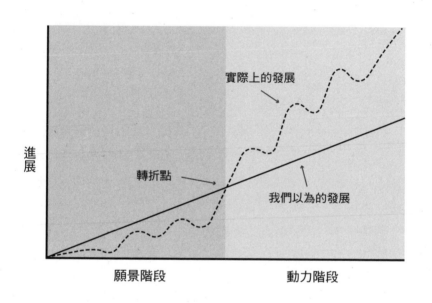

事情的發展比你預期快，而且所需的努力更少。這感覺就像，本來逆風走著上坡路段，然後突然轉為順風走下坡。甚至更像是穿著溜冰鞋往下滑。

在動力階段，你可能會覺得像開了外掛，付出更少的努力，卻獲得比以前更好的結果。它的挑戰在於，要堅持通過願景階段。一旦你了解這個模式的運作方式，你就能夠享受進步的每一

個階段，因為你知道，一旦通過那個轉折點，一切都將發生變化。

　　如果你正處於願景階段，請堅持下去；這一切都會是非常值得的：「我們行善，不可喪志；若不灰心，到了時候就要收成。」[4]

琳達：如果你已婚，且希望讓配偶加入，你可以一起塑造願景。坐下來，談談你們生活中想要實現的所有事情，包括財富和個人方面。你的目標可能包括旅行、購買度假屋、建造一座巨大的花園、每週打三次高爾夫或是在家陪孩子。

　　一旦確定了你的目標，就與伴侶分享這本書中有關發展進度的圖表，解釋發展過程會是什麼模樣，這樣可以讓你們共同保持動力；即使會在為了實現目標前做出一點犧牲，那麼在發展過程中也能保持動力。這需要一起談談，一起參與其中！畢竟，你們是上天賜予彼此的一個團隊，你們能一起達到驚人的目標。

第二十八章

享受花費

在斯里蘭卡東北方約七百英里處，有一個名為北森蒂納爾島的小島。那裡是森蒂納爾族（Sentinelese）的家園，他們是世界上幾個少數與外界隔絕的原始民族之一。[1]

我常常想像，在那個島上有一個和我一樣四十歲的男人。儘管我們都生活在二十一世紀，但出生在截然不同的地方。他可能靠自給自足的方式生活——狩獵和採集食物。也許他在打獵結束後回家會擁抱他的孩子，他們不會在晚上打電動，但可能會在星空下講故事。

我們的生活截然不同，自然而然地對不同事物價值的看法也不同。他是一名獵人，可能會為了獲得一把鋒利的刀、一張弓或一根矛而做出很多犧牲，而我對原始武器沒有需求，因為我大部分的食物來自奇波雷餐廳。所以就我來講，我對是否擁有一輛車非常重視（主要是為了去奇波雷），但由於他身處一個沒有道路的島嶼上，我認為他可能對車不太在意。

人們都對事物有不同的價值觀，這一點在世界各地都是成立的。如果你結婚了，你肯定已經明白這一點，對吧？

現在來看另一個例子。假設阿曼達每個月花三百美元的貸

款，買一輛不錯的車。我們中的許多人都會贊成這筆花費，認為她可能需要一輛車去上班（或去奇波雷[26]），因此同意這是一個合理的開支。

阿曼達的鄰居史黛西，她每個月也有三百美元車貸。然後她發現到Luxury Ice（是的，確實有這種東西）對她喜歡的現榨檸檬汁口感影響甚鉅。因此，史黛西決定賣掉她的車，改騎自行車通勤，把錢用在她的冰飲鑑賞之旅。

每個月花三百美元在冰塊上，可能對大多數人來說似乎是瘋狂的。然而，史黛西難道沒有享受她重視之事物的權利嗎？擁有享受讓她感到快樂的冰塊，且不受評判的權利？你是否也希望有同樣的權利呢？

事實上，我有一間可供我的愛車居住的房子（也就是我的車庫），能很好地阻擋風雨。與此同時，這個世界上有許多人的生活條件並不像我的車庫那樣舒適。我的車庫應該被視為一種奢侈，但因為我周圍的人都有一個，擁有它似乎相當正常。

不管是車庫還是其他什麼，你可以花錢在某些人眼中很瘋狂的奢侈品上。我很確定我的鄰居們認為我是個傻瓜，因為我剛剛花了兩百四十美元買了一個堆肥用的滾筒，基本上就是一個裝滿土壤的大塑膠圓筒。你可以確信在某個地方，也有人也認為你花錢就像個傻瓜一樣。

---

[26] 我在寫這段時一定快到午餐時間了，我一直想著奇波雷的BBQ塔可。

讓我們停止相互評判

　　儘管我理解這種花費是相對性的，但我偶爾還是會評判他人的花費方式。我的意思是，誰會在 ＿＿＿＿＿＿（裡面填入對你不重要，但對他人重要的東西）上花那麼多錢呢？

　　但是，有沒有可能每次判斷別人如何花錢時，我們都看到了弟兄眼中有刺，卻不想自己眼中有梁木呢？ [2]哎呀，罪名成立。如果奢侈是相對的，那麼我們就不應該停止評判彼此的消費習慣嗎？

　　也許這並不關我們的事，關乎每個人和上帝之間。回想一下，加略人猶大——他非常愛錢，為了一袋銀子背叛了耶穌——這樣的猶大，譴責瑪利亞拿著一斤極貴的真哪噠香膏，抹耶穌的腳。[3]

　　再來是所羅門聖殿，花了大量黃金建造，如果你問我它價值多少，它相當於現在社會的兩千億美元。[4]這似乎相當奢侈，然而那是上帝給出的建造指示。

　　從這些例子中我得出的結論是，有時需要犧牲，有時可以慷慨花費。關鍵在於，知道何時採取何種行動，並拒絕根據他人的想法或言論來決定怎麼花錢。我們的目標應該是取悅並尊重，唯一在觀看我們的存在。只有一個聲音是重要的，當與祂交談時，我們可以關掉內疚感，享受祂的祝福。

花錢不用內疚的關鍵

讓我們現在就決定，不會因花錢而感到內疚。相信自己可以享受消費，而不內疚或羞愧。以下是實現這一目標的方法：我們認識到一切都屬於上帝，並以祈禱的方式善用祂賦予的金錢。當我們將心靈與上帝連結在一起時，可以無罪地花費並享受勞動的果實。

請記住，你可以享受付出也享受花費，因為我們可以「倚靠那厚賜百物給我們享受的神」。[5]

這是一個難以平衡的挑戰。

> 當我們將心靈與上帝連結在一起時，可以無罪地花費並享受勞動的果實。

人們很容易將所有錢花在自己身上，忘了上帝希望我們管理的事情。與此同時，也會因為把一分錢花在喜歡的東西上，而感到內疚。雖然很容易走向兩個極端，但只有平衡走在中間時才能獲得自由。

我和琳達保持平衡的具體方法就是對花費設定明確的限制㉔。克制受到一時誘惑而想消費的衝動，逼迫自己存下享樂開銷。當帳戶裡錢存夠時，這筆錢可以依自己的意願花費。

你還記得我在前幾章提到的吉普車嗎？事實上，我多年來一直想要一輛吉普車。雖然嚴格來說我們「有錢」可以買，但其實我花幾年的時間才買到，因為我所有的錢，被用於其他事情上——緊急儲蓄、退休儲蓄或捐獻。因此事實上，我另外為了它

㉔ 記得第七章中我們討論過「肩負責任」嗎？

存錢，直到有足夠的現金去購買，而非使用其他優先項目中的錢款。

即使我這凡人之軀不喜歡等待，但我發現這個經驗非常有益。這給了我一個機會去信靠上帝，而非依靠自己來實現對物質的渴望。我本可以貸款，並立即滿足欲望，但因為我選擇信任我真正的供應者，因此等到有錢可用時，我能夠愉快地花費。對於這種「奢侈」，絲毫不會感到罪惡感。

知道一定比例的錢被保留下來，以供對外捐贈付出，內心感覺更好了。我不需要因為沒有將買吉普車的錢捐給當地的收容所，或者沒有把鈔票放入奉獻箱而感到內疚。這些錢的用途已經事先決定好，指定用於購買吉普車，花得心安理得。

事實上，你可以而且也應該兩者兼顧，同時享受你的付出和花費。

請記住，一切都是祂的。請忽略批評者的聲音，用祈禱的方式決定金錢怎麼運用，並且榮耀上帝。讓我們享受自由選擇花費金錢。

第二十九章

好好享受你擁有的一切

約翰・D・洛克斐勒是有史以來最富有的人之一[1]。在二十世紀初以他的財富，他可以擁有一切，對吧？但如果「富有」不是以金錢來衡量，而是以舒適、便利性和奢華來衡量呢？

好好想一想。今天幾百美元可以買到的東西，在以前數百萬美元也買不到。如今我們擁有冷氣、飛機、冰箱、GPS、智慧型手機和數百萬個能讓現代生活更便利的設施。洛克斐勒再有錢，也買不到冷氣。也許在炎熱的夏天，他會有十五個人為他搧風（因為他負擔得起），但我仍然寧願擁有冷氣。你呢？

琳達：而且，他可能整天都穿著羊毛西裝。連短褲都沒有，可憐的人！

他可能有司機載著他在城裡四處晃蕩，可能還是一輛很貴的馬車，就像馬車界的勞斯萊斯一樣。但我更願意坐在一輛十年的雪佛蘭車裡。你呢？

如果改變對富有的看法，並將目前的生活水準與洛克斐勒相比，便能明白我們過得相當不錯。事實上，我敢說大多數美國人

的生活舒適度和生活便利性遠超過洛克斐勒的生活。因此,以這樣的標準來衡量,誰才是真正更富有的人?

到底需要多少才會滿足?

你知道嗎?如果你的年收入稅後超過三萬三千美元,那麼你就是全球最富有的百分之四的人口之一[30]。

(以此來看,假設你從全球隨機選取九十九個人,並和你相處在同一個房間裡,那麼有九十六個人比你更貧困,只有三個人比你富有。)

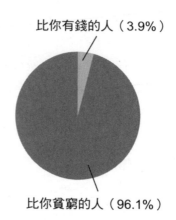

比你有錢的人(3.9%)

比你貧窮的人(96.1%)

我們過著比世界上百分之九十六的人更舒適的生活,而且比一百年前的最富有的人還要富有,為什麼卻仍然覺得這還不夠呢?

---

[30] 可以自行到howrichami.org網站查看。

所羅門的說法命中要害，他寫道：「人的眼目也是如此（永不滿足）。」[2]作為他那個時代最富有的人，所羅門得出結論：渴望永遠不會有一個終點。我們不會說：「夠了，不再需要了。」

無論我們得到多少，總是渴望更多。

琳達：如果將心思放在上帝給我們的供應物而不是供應者上，那就有問題了。如果更傾向關注擁有物品時的喜悅，而且還認為，只要得到想要的東西，就會擁有快樂、滿足、平安和安全，那麼就走錯了方向。

在我的生活經驗中，我總是不斷地要東要西，無法滿足。這點我也察覺得到。但是，當我在上帝裡找到安全感時，我可以輕鬆地放下對各種事物的執著。

最難改變的財務習慣

最近有人問我在管理財務時最難改掉的習慣是什麼。對我來說，最難改掉的習慣是不滿足。以前我看到我想要的東西，就會渴望得到它，計劃著如何得到它，以至於直到它屬於我之前，我都無法快樂。

有時可能是一輛汽車，或一棟房子等物質目標，有時也可能是一個讓人佩服的目標，比如還清債務。但無論渴望的是什麼，如果滿足感來自於這些事物，而

> 但無論渴望的是什麼，如果滿足感來自於這些事物，而不是耶穌，最後一定都會失望。

不是耶穌，最後一定都會失望。

　　缺乏滿足感，會使我花的錢超過所賺的錢。我賺的錢已足夠讓我過上美好生活，但卻對自己擁有的東西不滿足。總想要更多，直到得到我渴求的物品後才會感到快樂。接下來，我的喜悅會取決於下一個目標或物品，而不是耶穌，結果我從來未曾真正滿足過。為了克服我的不滿足，我必須認識這點。許多人一生都不斷在追逐目標，一個換一個，但都不理解這點。有很長一段時間我也是如此，一直相信著，一旦我實現，或獲得下一個目標，我就會滿足——

- 只要我還清信用卡卡債
- 只要我買到一輛特斯拉
- 只要我換一間更大的房子
- 只要我年收入能到十萬美元
- 只要我還清房貸

　　敵人希望我們浪費生命追逐世俗目標，不管那個目標是什麼。想讓人們相信這個謊言：滿足感取決於財物或社會地位。然而，他只是繼續轉移我們追逐的目標，就像打地鼠的遊戲一樣。一旦我們獲得了本以為能帶來滿足感的東西，接下來就會出現另一個引起欲望的事物，如此不斷地循環。

馬上行動

想要提前進行相關的挑戰並取得成就嗎？請翻到第291頁了解詳情。

我以為得到渴望的事物能讓我滿足，但就像喝鹽水止渴，只會越喝越渴。只有當我確定了自己不滿足的來源，我才能對抗敵人。

說「不」的能力

我發現對著自己練習說「不」，能夠幫助自己對抗不滿足，很有效。我把它當成某種鍛鍊，就像每天要走一萬步一樣[31]。

每天早上，我會問自己：今天該如何對抗我的欲望？它可能是，晚餐後吃個甜點，或是對網飛說不，然後打開我的聖經應用程式，或是在回應Instagram上一個激怒我的評論之前，先克制自己。

每次我們對欲望說不，都在增強這股力量。通過培養這個習慣，我開始感恩和滿足。終於開始享受所擁有的東西，而不是追逐市場上最新的玩具。如果我們沒有過著拚命追逐物欲的生活——每兩年換一輛新車、換季時重新置裝，或是為了在朋友面前炫耀，而買一間更大的房子——反而，我們在已擁有的東西中找到喜悅，那麼要讓整體花費下降，就容易得多。

我花了一些時間來改變這種「不滿足」的習慣，雖然有時仍要與之抗爭，但我相信這是財務生活中，最重要的措施之一，就是不要再對「下一個東西」產生無法真正滿足的渴望，也不再花

---

[31] 說實話，我在家辦公，走到廚房距離大約二十五步。我每天能走超過三千步就已經感到非常高興了。

錢追求那種暫時的滿足感。這一措施被證明是非常有價值的。

快樂丸

想像一下，如果大型製藥公司創造出一種藥丸，可以增加百分之二十五的快樂程度。你會看到其中一個廣告，一個快樂的家庭在海灘上散步，然後你會聽到旁白說：「副作用可能包括頭痛、起疹子、憤怒、暴力傾向、殘忍對待動物和植物、突然想要在社交媒體上挑起爭吵，以及在少數情況下可能導致死亡。」

但是他們會因為販賣這類藥丸，賺取數十億的利潤。

琳達：拜託，不要提供任何人這類的點子。

但如果有一種方法可以在不服用藥丸的情況下增加我們百分之二十五的幸福快樂呢？羅伯特·埃蒙斯博士根據他的研究，得出結論，認為這是有可能的。「定期抱著感恩的心可以使幸福感增加，高達百分之二十五。」[3]

選擇對已擁有的東西心存感激，不僅讓我們享受所擁有的東西，還帶來許多其他好的副作用。而且沒有頭痛、沒有疹子，也不會突然想要在社交媒體上和人吵架，它只會有好處。

澳大利亞墨爾本的心理學家海瑟·克雷格表示：「對感恩的研究表明，它與滿足感、幸福感、自豪感和希望感等這些內在正向情緒有關。」[4]它的好處實際上遠遠超出這些範疇。埃蒙斯博士在研究了一千多個人後發現，那些持續實踐感恩的人獲得了更

多好處：

- 更強的免疫系統
- 降低血壓
- 更好的睡眠和精神
- 更多的喜悅和樂趣
- 較少的孤獨感[5]

我們在這裡看到，有一種對抗「不滿足」的解藥。雖然「不滿足」這種誘惑，可能會一直存在於生活中，但我們可以克服它。秘訣就是有意識地對所擁有的一切，心存感激。

練習感恩

所以，我更加全心全意地感恩，但該怎麼做呢？該如何練習，讓自己活出感恩的心呢？你可以做兩件簡單的事情來幫助你：

一、開始寫感恩日誌。如果你真的想要做得更好，購買一本感恩日誌，並把每天寫日誌變成習慣。或者在每晚十點設定一個提醒，寫下你想感激的三件事情。

二、列出你感激的五十件事情。真的，就是這麼簡單。我還記得收到的一個婚姻建議：寫下你對配偶的所有愛。我在和琳達

陷入一場特別激烈的爭吵後才開始這麼做，這更具挑戰性，但也更有效果。我立刻產生了轉變，本來是感到被深深冒犯，變成能看清楚她的可愛之處，很快就淡化了之前的不愉快。

琳達： 從現在開始，每次我們吵架，我都會給你一張編號從一到十號的紙條。

滿足、感恩和金錢

當我們改變觀點、對衝動說不，並積極尋求感恩時，便能對財務有更多的控制權。不會再衝動購買新手機，而是對目前所擁有的感到滿足。

這是否意味著不應該買新手機呢？不是的。但是，如果能從目前擁有的手機中找到滿足感，那麼新手機的影響力就會減弱。它不再是一個非買不可的東西，因此不再對財務產生影響。我們成為金錢的主人，而不是僕人。

第三十章

享受休息

　　二〇一九年，我有個朋友，名叫克里斯汀・拉斯穆森，他是房地產經紀人，有一棟房子要出售。這棟房子已經在市場上刊登超過四十天，他每個週六和週日都會在那裡帶人參觀。這四十天內，沒有任何人表示有興趣。於是，他決定試一些大多數人認為是不可能的事情。

　　在禱告後，他感到上帝要他把每個星期日作為安息日。對大多數人來說，這可能是一個具有挑戰性的做法，尤其是對房地產經紀人來說更是如此。在房地產界，星期日是公開參觀，接送客戶參觀物業的好時機。事實上，他們的大部分工作都集中在週末。很難想像如果克里斯汀在這麼重要的一天拒絕接待客戶，最後結果會如何，他以後要怎樣待在這一行。

　　而且他的立場極其不利，他是一位新手經紀人。他還沒有建立起客戶資料。資深同行都建議他不要這樣做。實際上，有人直白跟他說：「如果真的這麼做，那你在這一行永遠做不起來。」

　　但他發現了許多基督徒都錯過的東西：「你們要記住耶和華的僕人摩西吩咐你們的話：『耶和華你們的神賜你們安息，祂必把這地賜給你們。』」[1]

神會給予安息，也會賜予這地（或突破性進展）。這裡需注意到，祂兩者都會賜予。兩者都應該被享受。然而，許多基督徒卻表現得好像「安息」不應該發生，不應該被享受一樣。我的意思是，一般都會覺得，你要是不工作，就是懶惰，對吧？

我們很容易相信必須靠努力去實現任何事情。認為一切都取決於自己的能力。所以，我們往往不敢休息。

琳達：上帝給予我們安息，但接受這份安息需要信心。當面對每週休息一天的概念時，許多人似乎認為這是不可能的。有太多事情需要完成，這聽起來有點像懶人會做的事。

但是，如果是上帝安排的事，當我們抱著對祂信心行事，說不定能做得更多？即使理性來講，這樣似乎不太可能。但也許，不一定會是「做更多事情」；也許「做對的事情」才是更好結果。

這就是克里斯汀開始進行的安息日實驗。他不顧資深老手的建議，堅持每週日為安息日，結果完全超出預期。第一個星期天到來，他沒有安排物業參觀日，而是選擇讓它成為自己的安息日。接下來的一天，他收到了一堆人的報價。

他繼續每個星期日堅持安息日，無視房地產經紀人的既有行規。結果讓所有反對這做法的資深老鳥跌破眼鏡，克里斯汀的業務持續蓬勃發展。在接下來的幾年裡，他還得雇用員工來應對增長的業務。

福來雞炸雞店是另一個這樣的奇怪例子。我們都知道他們的店在星期日休息，並且取得了成功。但你知道福來雞炸雞店每家餐廳的收入比麥當勞、星巴克和賽百味的總和還要多嗎？[2]而且他們還在星期日休息。

如果上帝給了你每週一天安排休息日，讓你安息、享受祂，並且完全不工作，那你該怎麼辦呢？遠離生活中忙碌的節奏，享受祂的恩典。刻意擺脫所有的「不得不」的事情，單純地享受與神在一起，享受一天中珍貴的時刻。

> 如果上帝給了你每週一天安排休息日，讓你安息、享受祂，並且完全不工作，那你該怎麼辦呢？

安息日是基於信仰的行動

對於像我這樣充滿活力的人來說，選擇過安息日絕對是基於內心信仰才會做的行動。刻意什麼都不做，有時候很嚇人，尤其有很多需要立即完成的重要事情還沒忙完，甚至會覺得這樣有點不負責任。

但安息日是一個邀請，讓我們將這些待辦事項交託給上帝。這是一個告訴上帝的機會：「上帝啊，這看起來很緊急、很重要，但我選擇明天再處理，今天我要安息並享受這一天，這是祢所造的日子。我選擇相信祢會完全掌控一切，祢會處理好我面臨的所有事情。」

你可能會抱有反對安息日的論點，我自己以前就曾經如此：

在完成工作之前，我不應該休息。但我們都知道事實：工作永遠做不完。

作者馬克‧布坎南說道：

> 神的安息……不是完成後的獎賞，也不是工作做得好的額外獎勵。
>
> 那是純粹的恩賜。它是工作中的要求停頓指令，工作永遠做不完，也不會因為不休息就做得更好。安息日不是在完成所有任務和雜務後，被分配的休息時間，也不是履行所有義務的成就。它是我們在過程中停下來休息的時候，不需道歉，毫無罪惡感，只因為神告訴我們可以這麼做，沒有什麼比這更好的理由。[3]

我們不配得到祂所提供的安息。然而，祂卻讓它以免費禮物形式贈予，供我們享受。就像神的其他恩賜一樣，我們需要藉著對神的信心去接受它。

無須內疚的休息

我喜歡馬克‧布坎南提出「安息日的黃金法則」的定義：「停止必要的事情，擁抱能安養生息的事情。」[4]透過這個觀點，我們可以決定何種事物能成為安息日的一部分。什麼能讓你休養、恢復，帶給你生命的力量呢？

對我來說，身為一個工作常常需要盯著螢幕的人，我的恢復

方式是走到室外，在花園中「工作」。這是我能想到最不像工作的事情。它能賦予我生命力，並恢復我的靈魂。然而，如果我是一名專業的園藝師，我的安息日內容很可能完全不同。

如果烹飪一頓豐盛的晚餐感覺像是工作，那麼它就被排除在外。相反地，我晚餐可能會選擇簡單的煎餅，並邀請孩子們一起幫忙。或者，如果烤藍莓鬆餅能讓我感受自己生命在復甦（這是當然的），那麼我會在安息日充分享受它。無論我選擇如何度過這特別的一天，我的心靈都以感恩的態度專注於耶穌，祂是安息日的主人[5]。我專注於祂的同在，並讓祂充滿我每一刻。無論是在院子裡和孩子們追逐、研讀《腓立比書》、與朋友共進晚餐，還是在森林中散步時祈禱，耶穌都在我的心中和腦海中。

沒有祂，就無法享受到真正的安息。祂是使我們充滿活力，並賦予生命喜悅的一切來源。不管有多少事情需要應付，在耶穌的陪伴下，我們可以充分享受神為每個人所提供的安息。

馬上行動

想要提前進行相關的挑戰並取得成就嗎？請翻到第292頁了解詳情。

第三十一章

享受一切

幾天前，我兩歲的女兒爬到我的膝蓋上。她把頭埋在我的胸口，我們一起看她最喜歡的電影。當我抱著她時，我突然情緒激動。也許這是我女兒最後一次想坐在我膝蓋上看電影了。明天她可能會宣示她決定要獨立自主，打算坐在我旁邊而非懷裡。

我和孩子們一起時，常會有這樣的時刻。如果這是他們最後一次說這個詞語、最後一次要我讀床邊故事，或者最後一次牽著我的手散步，那該怎麼辦呢？還有許多類似的項目。我意識到他們正在長大，這些珍貴的時刻可能很快就會消失。

我不知道我擔心的事何時會發生，但我確信我想抓住上帝賜給我和孩子們相處的每一個機會，並充分利用那些時刻。我可以清楚地看到幾年後，當孩子們離開家時，我會懷念親密時刻，並希望能再次擁抱我的小女兒。

即使意識這樣的可能，也很常因為忙碌育兒的過程，讓自己分心。每次與琳達聊天時，同樣會受到干擾。在教導孩子紀律的挑戰中，很難找到幾分鐘與上帝獨處的時間。在忙碌和平凡日常中，很容易忘記要珍惜這些時刻，不小心就會錯過創造回憶的機會。這是一個充滿挑戰的過程，我認為在某種程度上，代表了人

在地球上的經歷。

　　生活並非膽怯之人所能輕易面對的。它充滿了障礙、挑戰，需要克服的山巒不斷。世界在旋轉的速度也令人眩暈。然而，在這一切之中，上帝賜予了如此多的美好體驗，如此多值得享受之處。

　　我想要享受每一刻，不管是當我取得成功時的高峰時刻，或是當我在困難掙扎時的低谷時刻。我希望把握豐富的生活，將盡我所能地節省，為了彰顯祂的榮耀，為了祂，我努力工作賺錢，而且大膽地付出一切，並在其中享受和祂一起的時刻。上帝給了我服侍祂的機會，彰顯出祂的榮耀，我想要全部接納這些所有時刻，因為它們終將永遠消逝。

　　我們在這裡的時間只是短暫的——然後會前往天堂。儘管天堂是多麼美好，但我相信在地上度過的時間總會有些特別之處。我們有機會在看不見祂的情況下信靠上帝，有機會在完全不理解永恆影響的情況下奉獻。有機會抱持連天使難以理解的信心走下去。

　　在這一生中，我們只有一次機會利用這些機遇。所以我要問你一個問題，那是多年前我受到詩人瑪麗·奧利弗啟發的問題：

　　告訴我，你打算如何運用
　　你這獨特且珍貴的一生呢？[1]

第四部分

16. 享受旅程
（重溫第264-269頁）

　　對我而言，保持動力的最有幫助的關鍵，就是了解進步並非線性成長。你不會每天都得到相同的進展。有些日子你可能會往前邁出巨大的步伐，其他日子你可能感覺在退步。但在願景階段，是需要最努力的時候，而且可能無法很快看到結果。

　　你的挑戰是透過這樣的角度，來看待你的重要財務目標。無論你是想要為買房準備頭期款、償還就學貸款，或是用現金買下一輛汽車，請記住你的進展可能會像第266頁圖表上的曲線。要視為常態，預期它會緩慢起步。等到你進入動力階段，事情將開始加速進展。

○ 默想《加拉太書》6:9的內容，讓上帝透過這段經文和你對話。

○ 寫下你想努力達成的遠大財務目標：

_____

○ 寫下目標達到後，你打算怎麼慶祝：

_____

_____

_____

○ 寫下當你遇到下一個困難時，打算怎麼做：

_____

_____

_____

17. 評估你的「不滿足」

（重溫第276-279頁）

在第二十九章中，談到了不滿足如何讓我們無法感受到喜悅，但我們可以通過改變觀點的方式來對付它。

○ 花十五分鐘時間禱告，用它來評估你生活中會有哪些不滿足的地方。如果你想不到，可以試著回答以下問題：
  ● 你對你的房子、車子、衣服、工作、人際關係，有什麼感受？
  ● 你渴望擁有哪些東西，如果得不到就會不快樂？
  ● 生活哪些方面讓你感到不滿足？

18. 和你自己說：列張清單

（重溫第281-282頁）

擁有感恩之心可以帶來許多好處，例如增強免疫系統、降低血壓、改善睡眠、精神飽滿等等。這只是其中一些好處而已[1]。現在讓我們真正發揮感恩的力量，並觀察這些好處如何紛至沓來吧！

○ 列出你感激的五十件事。不管大事小事都可以。一直列下去，直到達到五十件。

19. 告訴全世界

（重溫第281-282頁）

思考和寫下感激的事物，可以幫助我們更好地欣賞已經擁有的一切。此外，透過分享這些事物，效果會倍增；尤其是在將榮耀歸於上帝時，因為這會激勵其他人對生活也充滿祝福，心存感激。

○ 說出你感激的事物。

在社交媒體上分享你感激的事物。也許是對你生活中的某個人、上帝最近在你心中做的痕跡、最近的財務上的突破，甚至是你最喜歡的運動褲。這些都可以自由選擇。哦，別忘了標記我們

的帳號「@seedtime」，這樣我們就可以和你一起慶祝啦！

　　如果你不使用社交媒體——(1)你真是我的英雄，太厲害了。(2)那就去和現實生活中的朋友分享吧。

20. 在安息日好好休息
（重溫第283-287頁）

　　這個挑戰是要你休息一天，不工作、不查看郵件、不處理待辦事項。只是享受上帝給你的祝福。首先最重要的是上帝，當然和家人和朋友共處也很重要。也許可以一起禱告、去遠足、野餐，或欣賞日落。你可能會發現，它會在每個禮拜形成一種規律，因為我們也是這樣。

　　○　在你的行事曆中添加安息日。

　　○　安排安息日的行程，包含各種能讓你休息和恢復性靈的活動。

過著豐富生活的最後一步：
1% 的挑戰

在本書中，我們引導你透過節約、賺錢，並且充分利用你所擁有的資源，慷慨地付出，同時也享受這一切。這些可說是從四萬英尺的高空俯瞰的視角。現在，還有一件簡單而實用的事情要做，它可以最大程度發揮上帝所賦予你的財富。我稱之為「1%挑戰」。

每年將你的儲蓄和奉獻增加1%

1%如此微小，你會驚訝地發現，它對你預算的影響居然是這麼微不足道。然而，每年你的AUM和淨付出都會增長，你有機會在地球上好好管理上帝交給你的資金，並且透過付出的方式，累積到天堂後屬於你的真正寶藏。

大多數人甚至完全感受不到那1%或2%的增加，就算你確信自己一定會注意到，如果你按照第十三章提到的四個關鍵來做，你應該能夠看到你的收入每年增加超過2%以上。

如果你想要挑戰，又或是感覺上帝在召喚你去做更多事，那你就大膽去試吧，盡一切可能增加那百分比。但要把每年增加1%當成為最低標準，並努力維持這最低底限。

讓我們現在就採取行動吧！

○ 每年設置提醒，將你的儲蓄和付出增加1%

現在立即執行這個步驟。讓 Siri、Alexa、Google 或其他語音助理，提醒你每年都要這麼做。或者加進你的行事曆中，不管是電子日曆、筆記本或是畫著小狗小貓的牆壁日曆，你要選什麼工具都行，但是一定要做到。

這個提醒可以設定在一年後的今天，又或者在新年的第一天。我們每年都在生日時增加儲蓄和付出的金額。這是一個機會，慶祝上帝的供應如此富足，所以才有辦法再次增加1%的儲蓄和付出比例。

一個簡單的開始

如果你不確定從哪個百分比開始，我建議你從目前已經在做的地方開始。你已經每年儲蓄5%，並付出、捐贈5%了嗎？那就兩者都增加到6%。或者你每年付出10%並儲蓄3%，那就將每個項目增加1%。如果你剛開始用百分比的方式來付出和儲蓄，那麼在第一年就只從1%開始。

琳達：最重要的是祈禱，並看看主如何引導你。祂的引領可能超出你的舒適區，這是一件好事。最好總是順從這些引導。冒險就在那個方向！好事總是發生在順從的路上。

立即去做！

說真的，如果你之前忽略了我的建議，現在立刻拿起你的手機，添加每年一次的提醒，將你的付出和儲蓄金額增加1%。

當提醒的時刻來到的時候，如果需要複習的話，你可以拿出這本書，可以回顧一下重點，然後將每個項目的金額調整1%。如果你已經自動化儲蓄和付出（詳見第五章），那麼將這些自動化全部增加1%，不管是儲蓄、401(k)還是捐款。

這可能需要你花費五到十分鐘的時間，每年只需一次。

你能否每年抽出到五到十分鐘的時間，來改善你當下的財務生活，並讓你的影響力永恆持續下去？

相信這個過程

我知道這聽起來太簡單了。事實上，成功管理財務確實很簡單。但也並非一直都很容易，只要持之以恆，你就會成功。它不會一夜之間發生（儘管大多數人都會對事物的變化速度感到驚訝）。相信這個過程，繼續前進吧。

讓我成為你的朋友和教練，鼓勵你去實踐它。你不會後悔的。我真心相信，即便你除了相信上帝外，什麼都不做（就像《以弗所書》3:20說的）❸，在十年或二十年後，回顧上帝在你的

---

❸「讚美上帝！祂的大能大力，現在已經運行在我們的身上，這力量可以成就偉大的工作，遠超過我們意想之外，連求都不敢求的。」（激情譯本）

財務生活中所做的事情時，你也會震驚不已。

最後一件事

想像一下，幾年後你不再擔心金錢，完全信賴作為供應者的上帝。擺脫債務束縛，不再支付利息，反而還賺取利息；熱愛你的工作，事業蒸蒸日上；有機會從生活的豐盛中付出，並且愛上這種生活方式。

然後想像著你踏入天堂的那一刻，因為你在地球上對金錢做出一些簡單的決策，最後帶來令你難以置信的影響，你為此驚嘆不已。

你會發現的！我相信管理好金錢，就是一種敬神的行為。

每一天，你和我都在決定要如何使用金錢。我們有機會把它用於榮耀上帝，這會產生永恆的影響。敵人也知道這一點，我相信這也是為什麼教會中有這麼多人陷於財務困難的原因之一。

敵人正在積極努力破壞我們的財務生活。敵人可能會讓人對金錢相關的問題產生恐懼、罪惡感和羞愧，煽動人們與配偶爭吵，讓人們一直處於貧困之中，無法照顧家人，也沒有東西可以付出。敵人的目標是讓人們像隻倉鼠，不斷在輪上奔跑。跑個不停，卻從不會有一點前進。如果我們光是維持生計就耗盡力氣，又如何能夠幫助身邊的人呢？

是時候改變現狀了。是時候讓教會站起來，不再追隨世界對金錢的管理方式，它是有缺陷的。要向世界展示一條更好的道路。

我相信我們應該成為有能力解決世界困難問題的人。

我相信我們應該成為世界各地的人，前來尋求財務建議的對象。

我相信上帝會因為我們把財富管理得當，而得到榮耀，祂應該會如此。

我遵循本書中的簡單公式，帶來了豐富的生活。當你應用所讀到的知識時，我祈禱它也會為你帶來同樣的結果。

感謝你的閱讀！

能跟你分享這部作品，是我們的光榮。如果這本書確實有助於提升你的生活價值，不知你是否願意考慮以下這些做法？

- 跟這本書拍一張自拍照，發布出來，並加上相關的標籤，並標記我們（@seedtime）。同時，分享你喜歡這本書裡的哪一部分，我們說不定會與我們的社群分享你的精采見解。

- 在你購買書籍的地方留下一個真誠的評論。評論對一本書的影響非常大。如果我們希望這個訊息能夠在眾多財務書籍的喧囂中脫穎而出，我們將需要所有人的幫助。你真誠的評論可以產生巨大的影響力。

- 與朋友或牧師分享這本書。告訴他們關於這本書的內容，讓他們跟你借閱，或者如果你認為他們常常一借不還❸，你可以從你的「種子帳戶」中撥款，直接買一本《財務自由21天改造計畫》給他！

---

❸ 我們都有這樣的朋友，對吧？

不要當個只是路過的陌生人！

　　琳達和我總是喜歡與像你這樣志同道合的人交朋友，所以如果你有任何問題，或僅僅是想打個招呼都行，可以在 Instagram 上傳訊息給 @seedtime。

　　我們期待著收到你的來信，也很想知道怎麼繼續幫助你，讓你在生活中獲得更多的價值！

　　　　　　　　　　　　　　　　　　信靠上帝
　　　　　　　　　　　　　　　　　　鮑勃及琳達・洛帝西

額外資源

在整本書中，我已經提供了許多免費工具和資源的連結，它們可以幫你在金錢方面取得勝利。為了方便起見，你可以在這裡找到所有連結（以及更多資料）的清單。

順便提醒，其中包含了我們的產品，但為了感謝你購買並閱讀這本書，你可以免費獲取它們。如果你想要的話，請務必使用以下連結：

- AUM 表單：seedtime.com/aum
- 預算範本：seedtime.com/budgeting
- 信用卡規則推薦：seedtime.com/cc
- 「滾雪球還債」表格：seedtime.com/snowball
- Seedtime 電子報：seedtime.com/newsletter
- 恐懼練習：seedtime.com/fearsetting
- 打招呼：seedtime.com/hello
- 淨付出範本：seedtime.com/ng
- 莫忘初衷：seedtime.com/why
- 羅斯 IRA 退休帳戶介紹：seedtime.com/roth
- 追蹤花費建議：seedtime.com/cashflow

接下來該讀什麼？

　　如果你喜歡這本書，那麼你可能會喜歡我們的免費電子報。在裡面，我們分享我們最新的Podcast、文章、影片、理財技巧、各種鼓勵，這些工具和資源可以幫助你在財務上取得勝利，並用它來榮耀上帝。

　　你可以在 seedtime.com/newsletter 註冊。

鳴謝

　　以下許多了不起的人一起協助我們完成這本書。每個人都對本書內容有著重大的影響。如果你剛好認識或遇到過他們中的任何一個，心中替他們擊掌，他們值得我們感謝❸。

- 我們的父母
- 巴伯‧艾伯特
- 查德‧艾倫
- 潔西‧雷‧阿戈塔
- 約書亞‧貝克
- 查克‧賓利
- 湯姆和斯蒂芬妮‧比爾斯
- 雅各布和卡莉‧布朗特
- 艾瑞克‧布林克
- 傑夫和勞倫‧坎托尼
- 史考特和蜜雪兒‧凱許
- 詹姆斯‧克利爾

- 史蒂芬‧庫克
- 馬克斯和漢娜‧科溫
- 科瑞‧愛德華茲
- 克里斯‧費瑞比
- 帕姆‧吉布斯
- 傑夫‧高因斯
- 賈斯汀和勞拉‧戈迪
- 謝莉‧格里芬
- 布萊恩和史黛西‧哈里斯
- 里西‧哈特馬克
- 塔米‧哈特馬克
- 托莉‧海因

---

❸ 還有很多了不起的人也參與了本書製作，我一定有忘了一些人，如果你是被我遺忘的那一位，我很抱歉。請讓我知道，我會在下一本書中提到你的大名，而且是兩次。

- 瑪麗·杭特
- 米莉·卡蒂娜
- 克里斯特爾·卡茲達
- 鄧恩·克羅普
- 布萊恩·拉克
- 肯尼·麥凱伊
- 戴瑞克·明亞德
- 凱西·米切爾
- 菲利普和喬安娜·帕金森
- 佩吉·佩德羅薩
- 喬丹·雷諾
- 凱莉·羅查
- 亞歷克斯·西萊
- 亞當·西蒙
- 露絲·索庫普
- 安德魯·斯托達德
- 羅比·瓦爾德拉馬
- 布萊斯·弗農
- 金·馮·范格
- 卡洛斯·惠特克
- 你！是的，給自己一個高擊掌！

真的，再次感謝你選購並閱讀本書。我和琳達為你禱告，希望你能應用所學並採取必要的步驟，讓上帝釋放奇蹟，讓你能真正享受財務自由。

參考資料

感謝以下人士，允許我轉載並節錄他們部落格裡的文章：

布萊恩・哈里斯的〈十一星級體驗〉，最初於二〇二〇年七月三十一日在 fruit.com 發布，經布萊恩・哈里斯授權引用。布萊恩・哈里斯保留一切權利。

麥克・米卡洛維茲，〈金錢放大你的性格〉，最初於二〇一三年三月十九日在 mikemichalowicz.com 發布，經麥克・米卡洛維茲授權引用。麥克・米卡洛維茲保留一切權利。

緒論

1　約翰・衛斯理，〈講道第87篇：財富的危險〉，《多種場合的講道》3:8（暫譯，倫敦：衛斯理會議辦公室，1864年）

第一章：勝敗在祂，但你必須出現

1　歷代志下20:12

2　歷代志下20:15-17

3　列王紀上18:46

第三章：絕不 100 規則

1 〈五場收入最高的拳擊比賽〉（暫譯），洛杉磯哥倫比亞廣播公司2015年2月20日，https://losangeles.cbslocal.com/2015/02/20/top-5-richest-boxing-matches

2 〈有史以來收入最高的運動員〉（暫譯），富比士，2016年12月6日www.forbes.com/pictures/mli45fgmmj/11-mike-tyson

3 〈2020-21年，NBA球員合約〉（暫譯），Basketball Reference網站，www.basketball-reference.com/contracts/players.html

4 凱利·安·藍斯利和考特尼·克尼利，〈平均年齡的NFL球員在一個賽季的收入〉（暫譯），美國消費者新聞與商業頻道，2019年2月1日，www.cnbc.com/2019/02/01/heres-what-the-average-nfl-players-makes-in-a-season.html

5 克里斯·杜德里，〈從職業運動員的錯誤理財中吸取的金錢教訓〉（暫譯），美國消費者新聞與商業頻道，2018年5月14日，www.cnbc.com/2018/05/14/money-lessons-learned-from-pro-athletes-financial-fouls.html

6 肯伊·威斯特，〈淘金妹〉（Gold Digger），傑米·福克斯客串MV演出，收錄於《遲來的註冊》專輯（Late Registration, 2005）

7 〈收入波動如何與美國家庭的財務安全起交互作用〉（暫譯），Pew Charitable Trusts，2017年3月9日，www.pewtrusts.org/en/research-and-analysis/issue-briefs/2017/03/how-income-volatility-interacts-with-american-families-financial-security

8 凱薩琳·厄金斯，〈一名清潔工默默存了八百萬美元，並將大部分留給了上帝的圖書館和醫院〉（暫譯），美國消費者新聞與商業頻道，2016年8月29日，www.CNBC.com/2016/08/29/Janitor-Secretly-gasserted-an-8-million-fortune.html

第四章：注意力：當你測量績效，你就能改善績效

1 〈貨幣的歷史〉（暫譯），公共廣播公司，1996年10月26日，www.pbs.org/wgbh/nova/article/history-money

2 箴言27:23，新美國標準版聖經NASB（中譯參考和合本內容）

3 約翰福音16:33

4　雪莉‧強森，〈皮爾森定律在招聘和留任的應用〉（暫譯），RISMedia, https://rismedia.com/2020/07/22/applying-pearsons-law-recruiting-retention

5　克里斯‧馬切斯尼、肖恩‧科維和金‧休林，《執行的四個紀律：實現你的重要目標》（暫譯），修訂版（紐約：Simon&Schuster，2021年），頁77

第五章：自動化：永遠不要依賴意志力

1　布魯斯‧巴特萊特，〈70年後仍有爭議的預扣稅〉（暫譯），Economix（blog），紐約時報，2013年10月22日，https://economix.blogs.nytimes.com/2013/10/22/tax-withholding-still-controversial-after-70-years

2　詹姆斯‧克利爾，《原子習慣：細微改變帶來巨大成就的實證法則》，（NewYork:Avery, 2018），頁24、27，此處為英文原書出版年和頁碼，以下同。

第六章：調整：如果你發現陷入一個坑洞，就別再往下挖了

1　腓立比書4:19

2　以弗所書3:20，新英王詹姆斯譯本NKJV（中譯參考和合本內容）

第八章：如何在你喜歡的東西上花更多錢

1　拉米特‧塞提，〈金錢按鍵：為什麼你會這樣花錢〉，《我會教你成為富有的人》（暫譯），2018年12月21日，www.iwillteachyouto berich.com/blog/money-dials.

2　詹姆斯‧克利爾，《原子習慣：細微改變帶來巨大成就的實證法則》，（New York:Avery, 2018），頁82

第九章：如何聰明消費（福特泡泡金牛座的故事）

1　道格‧德穆羅，〈車子開多少里程後，你就得小心它了？〉（暫譯），autotrader.com，2017年1月13日，www.autotrader.com/car-news/what-mileage-should-you-stay-away-car-260881

2　喬許‧克拉克，〈當代汽車的問題變少了嗎？〉（暫譯），howstuff

works.com, https://auto.howstuffworks.com/under-the-hood/diagnosing-car-problems/mechanical/cars-less-problematic.htm

3 〈2020Ford Fusion持有成本〉（暫譯），edmunds.com, www.edmunds.com/ford/fusion/2020/cost-to-own/#style=401799037;〈2020 Honda Civic持有成本〉，edmunds.com, www.edmunds.com/honda/civic/2020/cost-to-own/#style=401823139

4 撒迦利亞書4:10，新普及譯本NLT

第十章：我們都是秘密試驗的一部分

1 傑森・史提勒，〈信用卡的歷史〉（暫譯），Creditcards.com，2021年5月24日，www.creditcards.com/credit-card-news/history-of-credit-cards

2 〈美國消費者債務〉，維基媒體，https://upload.wikimedia.org/wikipedia/commons/4/43/US_consumer_debt.png

3 〈美國債務的複雜故事：家庭資產負債表中的負債〉（暫譯）（Philadelphia: Pew Charitable Trusts 2015年7月），頁15，www.pewtrusts.org/~/media/assets/2015/07/reach-of-debt-report.

4 克雷格・希爾，《96%人不知道的五個財富秘密》（暫譯）（Littleton, CO: Family Foundations International, 2012），頁54

5 大衛・蓋爾和布雷克利・B・麥克夏恩，〈為了戰勝債務，考慮從「小地方」開始〉（暫譯），Kellogg Insight，2014年1月8日，https://insight.kellogg.northwestern.edu/article/to_beat_debt_consider_starting_small；亞歷山卓・L・布朗和喬安娜・N・萊希，〈小勝利：在任務完成和債務還款中創造內在動機〉（暫譯），Consumer Financial Protection Bureau Research Panel2，2015年5月7日，第19章，https://files.consumerfinance.gov/f/documents/P2d_-_Brown_-_Small_Victories.pdf

馬上行動：第一部分

1 弗里德瑞克・尼采，引用自維克多・E・弗蘭克爾，《尋找生命的意義：對意義治療的介紹》（暫譯），英文譯本第4版，伊爾瑟・拉什譯（Boston:Beacon, 1992），頁109

第二部分：盡你所能地賺

1 以弗所書 3:20

2 歌羅西書 3:23，英語標準版 ESV（中譯參考和合本內容）

第十二章：金錢是個糟糕的主人，卻是個出色的僕人

1 艾琳‧布雷克莫爾，〈這場礦井大火已經燃燒了50多年〉（暫譯），History.com，2019年4月26日，www.history.com/news/mine-fire-burning-more-50-years-ghost-town

2 〈全國野火燃燒率正在上升〉（暫譯），Face the Facts USA，2013年8月26日，https://facethefactsusa.org/facts/the-national-burn-rate-is-going-up--literally

3 箴言 27:20，英王詹姆斯譯本 KJV（中譯參考和合本內容）

4 新世界百科全書（暫譯），建議查看〈約翰‧D‧洛克菲勒〉，www.newworldencyclopedia.org/entry/John_D._Rockefeller

5 強納森‧史威夫特，引用自湯瑪斯‧羅斯科，〈強納森‧史威夫特的生平與作品〉，收錄於《強納森‧史威夫特作品集》（暫譯）（London:Henry Washbourne,1841），第1卷：第lxxxii頁

6 約翰‧派普，《未來的恩典：上帝應許的淨化力量》（暫譯）修訂版，（Colorado Springs:Multnomah Books, 2012），頁324

7 馬太福音 19:16-22

8 路加福音 19:1-10

9 克雷格‧希爾，《96%人不知道的五個財富秘密》（暫譯）（Littleton, CO:Family Foundations International,2012），頁40

10 麥克‧米卡洛維茲，〈金錢放大你的性格〉，2013年3月19日，https://mikemichalowicz.com/money-amplifies-your-character

11 詩篇 51:10；139:23-24

12 腓立比書 4:19

13 腓立比書 4:11

14 哥林多後書 9:8；雅各書 1:5

第十三章：在數位時代賺取更多財富的四個關鍵

1　史考特‧亞當斯，〈職業建議〉（暫譯），Dilbert.Blog，2007年7月20日，http://dilbertblog.typepad.com/the_dilbert_blog/2007/07/career-advice.html

第十四章：天職與熱情：魚不會爬樹

1　詩篇139:14；以弗所書2:10，新普及譯本NLT

2　〈每個人都是天才〉（暫譯），Quote Investigator，2013年4月6日，https://quoteinvestigator.com/2013/04/06/fish-climb/

3　史蒂夫‧賈伯斯，〈2005年史丹福大學畢業典禮演講〉（暫譯）（演講，史丹福大學，加利福尼亞州史丹福，2005年6月12日），https://news.stanford.edu/2005/06/14/jobs-061505

4　《火戰車》，休‧哈德遜導演，謎團製作公司製片，1981

5　傑夫‧高因斯，《工作的藝術：發現你該做什麼的驗證路徑》（暫譯）（Nashville:Nelson Books,2015），頁20

6　同上，頁122

7　歌羅西書3:23，英語標準版ESV（中譯參考和合本內容）

8　羅馬書8:28

9　約翰福音6:5-13

10　雅各書2:17-20

11　傑夫‧高因斯，《工作的藝術：發現你該做什麼的驗證路徑》（暫譯），頁35

第十五章：教育：不斷學習和磨練你的技藝

1　阿里‧蒙塔格和小湯姆‧哈德斯頓，〈遊戲玩家泰勒‧「忍者」‧布萊文斯（Tyler 'Ninja' Blevins）是如何從在快餐店工作，變為每個月靠玩要塞英雄，賺近一百萬美元的？〉（暫譯），美國消費者新聞與商業頻道，2019年1月4日，www.cnbc.com/2019/01/04/ninja-blevins-from-a-fast-food-job-to-millionaire-fortnite-gamer.html.

2　麥爾坎‧葛拉威爾，《異類：成功的故事》（暫譯）（New York: Little, Brown, 2008），頁39-40

3 箴言 22:29，激情譯本 TPT（中譯參考和合本內容）

第十六章：解決問題，或是讓事情變得更好

1 大英百科全書兒童版（暫譯），建議查看〈約翰尼斯·古騰堡〉，
https://kids.britannica.com/students/article/Johannes-Gutenberg/274706

2 戴夫·魯斯，〈印刷機改變世界的七種方式〉（暫譯），History.com，
2019年08月28日，www.history.com/news/printing-press-renaissance

3 〈艾薩克·牛頓給羅伯特·胡克的信件〉（暫譯），Historical Society
of Pennsylvania, https://discover.hsp.org/Record/dc-9792/Description
#tabnav

4 東尼·羅賓斯，《金錢：掌控遊戲》（暫譯）（New York:Simon&
Schuster, 2016），頁6

5 布萊恩·切斯基，引用自里德·霍夫曼，〈如何擴大神奇的體驗：來
自Airbnb的布萊恩·切斯基的四個教訓〉（暫譯），Reid Hoffman，
2018年5月22日，https://reid.medium.com/how-to-scale-a-magical-
experience-4-lessons-from-airbnbs-brian-chesky-eca0a182f3e3

6 布萊恩·哈里斯，〈十一星級體驗〉（暫譯），Growth Tools，2020年7
月31日，https://videofruit.com/blog/11-star-experience.

7 同參考資料5

8 詩篇75:6-7

第十七章：需求：給他們想要的

1 〈李維·史特勞斯的故事〉（暫譯），Levi Strauss&Co.，2013年3月14
日，www.levistrauss.com/2013/03/14/the-story-of-levi-strauss；建議查
看〈李維·史特勞斯公司〉（暫譯），Encyclopaedia Britannica, www.
britannica.com/topic/Levi-Strauss-and-Co

第十八章：沒有生活，那麼生命的目的就只是為了邁向死亡

本章標題取自馬克·貝特森的《追逐獅子的人：但如果你的夢想不會把
你嚇到，那麼這個夢想就太小了》（暫譯）（Colorado Springs: Multnomah,
2016），頁3

1 馬太福音14:22-33

2 約翰福音10:10

3 貝特森，《追逐獅子的人》，頁3

4 貝特森，《追逐獅子的人》，頁2

5 提姆・費里斯，〈恐懼練習:我每個月做的最有價值的鍛鍊〉（暫譯），Tim Ferriss（blog），2017年5月15日，https://tim.blog/2017/05/15/fear-setting.The fear-setting exercise described in this chapter is adapted from Ferriss's exercise.

6 費里斯，〈恐懼練習〉

7 同上

8 同上

第三部分：盡你所能地付出

1 路加福音12:33，激情譯本TPT（中譯參考和合本內容）

2 華倫・巴菲特，引用自瑪麗・巴菲特和大衛・克拉克，《巴菲特之道：沃倫・巴菲特的智慧箴言》（暫譯）（New York:Scribner, 2006），頁145

3 蘭迪・奧康，《寶藏原則：揭開喜悅奉獻的秘密》（暫譯），修訂版（Colorado Springs:Multnomah, 2017），頁48

4 路加福音12:33，激情譯本TPT（中譯參考和合本內容）

第十九章：關於付出的誤區

1 使徒行傳20:35

2 哥林多後書9:7，新普及譯本NLT

3 哥林多後書9:10，擴大本AMP（中譯參考和合本內容）

4 使徒行傳20:35

5 克里斯汀・史密斯和希拉蕊・戴維森，《慷慨的悖論：給予，我們可得；緊抓，我們失去》（暫譯）（New York:Oxford University Press, 2014），本書介紹

第二十章：為什麼我們開始「以自己的年齡來奉獻」

1 羅馬書8:28，新普及譯本NLT

2 哥林多後書9:7

第二十一章：付出就如同播種

1 列王紀上17:12

2 列王紀上17:15-16

3 創世記8:22

4 哥林多後書9:6

5 哥林多後書9:10-11，新普及譯本NLT

6 馬太福音4:6

7 馬太福音4:7

8 哥林多後書9:10，激情譯本TPT（中譯參考和合本內容）

9 查爾斯‧F‧史坦利，〈播種和收割的原則〉（暫譯），In Touch Ministries，2014年7月6日，www.intouch.org/read/life-principle-6-the-principle-of-sowing-and-reaping

10 羅伯特‧吉爾莫‧勒圖諾，引用自小詹姆斯‧A‧斯卡德爾，〈上帝有更大的鏟子〉（暫譯），InGrace，https://ingrace.us/february-9th-10th-god-has-a-bigger-shovel

11 陳恩藩，〈從牧師到百萬富翁……施予者！〉（暫譯），Generous Giving，https://generousgiving.org/francis-chan-from-pastor-to-millionaire-giver

12 同上

第二十二章：跳舞的大猩猩

1 特拉夫頓‧德魯、梅麗莎‧L-H‧馮和傑里米‧M‧沃爾夫，〈看不見的大猩猩再次出擊：專家觀察者的持續不注意性的盲目〉（暫譯），*Psychological Science* 24，no.9（2013）:1848-53，www.ncbi.nlm.nih.gov/pmc/articles/PMC3964612

2　安·皮埃特朗洛，〈巴德爾邁因霍夫現象現象是什麼？以及為什麼你可能會一次又一次看到它〉（暫譯），Healthline，2019年12月17日，www.healthline.com/health/baader-meinhof-phenomenon

3　路加福音5:4-8

4　使徒行傳20:35

第二十三章：捐贈六位數的秘密

1　以弗所書3:20，今日佳音TLB

2　撒迦利亞書4:10，新普及譯本NLT

3　馬太福音6:33，當代英文譯本CEV（中譯參考和合本內容）

4　創世紀17:17；18:12

5　創世紀37:5-11

6　路加福音1:30-35

7　馬克·巴特森，引述自凱文·克魯斯，〈敢於夢想：你的目標應該感到可怕〉（暫譯），LinkedIn，2017年6月17日，www.linkedin.com/pulse/dare-dream-big-your-goals-should-feel-scary-kevin-kruse

第二十四章：「淨付出」：最重要的指標

1　雪莉·強森，〈皮爾森定律在招聘和留任的應用〉（暫譯），RISMedia, https://rismedia.com/2020/07/22/applying-pearsons-law-recruiting-retention

2　卡蜜拉·艾琳·金寶，引述自阿曼達·凱·馮克，〈以仁慈服侍他人〉（暫譯），BYU Speeches，2016年1月20日，https://speeches.byu.edu/posts/ministering-with-kindness

3　約翰福音10:10

4　馬太福音6:33

第二十五章：讓付出變得更容易也更有樂趣的四個小技巧

1　安迪·史坦利（@AndyStanley），Twitter，2015年12月29日，12:07p.m.，https://twitter.com/andystanley/status/681914412920258560.

2 約翰・D・洛克菲勒，引述自安德魯・麥尼爾，〈為什麼我奉獻——而你也應如此〉，富比士，2014年4月21日，www.forbes.com/sites/learnvest/ 2014/04/21/why-i-tithe-and-so-should-you.

3 哥林多後書9:7

4 馬太福音25:21

5 提姆・莫恩斯，〈完美的危機〉（暫譯），Generous Giving, https://generousgiving.org/media/videos/tim-mohns-a-perfectly-good-crisis

第二十六章：蝴蝶效應

1 大英百科全書，建議查看〈愛德華・洛倫茨〉（暫譯），www.britannica.com/biography/Edward-Lorenz.com/biography/Edward-Lorenz

2 安迪・安德魯，〈The Butter fly Effect by Andy Andrews〉，YouTube影片，2013年6月19日，9:45，www.youtube.com/watch?v=mo6f BAT8f-s

3 〈喬治・華盛頓・卡弗博士的花生產品清單〉（暫譯），Tuskegee University, www.tuskegee.edu/support-tu/george-washington-carver/carver-peanut-products；〈喬治・華盛頓・卡弗博士的番薯產品清單〉（暫譯），Tuskegee University, www.tuskegee.edu/support-tu/george-washington-carver/carver-sweet-potato-products

4 比利・葛理翰，《面對死亡和來世》（暫譯）（Waco, TX:Word Books, 1987），頁267

第四部分：盡你所能地享受

1 約翰福音10:10，英語標準版ESV（中譯參考和合本內容）

2 提摩太前書6:17

3 C・S・路易斯，《返璞歸真》（New York:HarperOne, 2001），頁49

第二十七章：享受真實的發展過程

1 約翰・索福瑞克，《富有的園丁：父子之間關於繁榮的人生教訓》（暫譯）（Mount Pleasant, PA:self-pub., 2018），頁355

2 詹姆斯・克利爾，《原子習慣:細微改變帶來巨大成就的實證法則》，（NewYork:Avery, 2018），頁20

3 雅各・A・里斯，《一個美國人的成長歷程》（暫譯）（New York: Grosset&Dunlap, 1901），頁253

4 加拉太書6:9

第二十八章：享受花費

1 奇歐娜・N・史密斯，〈我們對北森蒂納爾島孤立的森蒂納爾族所知的一切〉（暫譯），Forbes，2018年11月30日，www.forbes.com/sites/kionasmith/2018/11/30/everything-we-know-about-the-isolated-sentinelese-people-of-north-sentinel-island

2 馬太福音7:3-5，英語標準版ESV（中譯參考和合本內容）

3 馬太福音26:14-15；約翰福音12:1-6

4 亞瑟・萊傑，〈上帝喜愛黃金——聖經中黃金的用途和價值〉（暫譯），LinkedIn，2017年1月17日，www.linkedin.com/pulse/god-likes-gold-uses-value-bible-arthur-leger

5 提摩太前書6:17

第二十九章：好好享受你擁有的一切

1 朗・切爾諾，《巨人：約翰・D・洛克菲勒的一生》（暫譯）第二版（New York:Vintage Books, 2004），頁556

2 箴言27:20，英王詹姆斯譯本KJV（中譯參考和合本內容）

3 羅伯特・A・埃蒙斯，《感謝！如何透過實踐感恩之道讓你更快樂》（暫譯）（Boston:Houghton Mifflin, 2008），書本介紹

4 海瑟・克雷格，〈感恩研究及其與愛和幸福的關聯〉（暫譯），Positivepsychology.com，2021年2月27日，https://positivepsychology.com/gratitude-research

5 羅伯特・A・埃蒙斯，〈感恩的好處〉（暫譯），Greater Good，2010年11月16日，https://greatergood.berkeley.edu/article/item/why_gratitude_is_good

第三十章：享受休息

1 約書亞記1:13，新美國標準版聖經NASB（中譯參考和合本內容）

2 馬修・麥克里，〈福來雞炸雞店每家餐廳的營收超過麥當勞、星巴克和Subway的總和……而且它星期日休息〉（暫譯），Entrepreneur，2018年9月25日，www.entrepreneur.com/article/ 320615

3 馬克・布坎南，《神的安息：透過回復安息日來恢復你的靈魂》（暫譯）（Nashville:Thomas Nelson, 2006），頁93

4 同上，頁129

5 馬太福音12:8

第三十一章：享受一切

1 瑪麗・奧利弗，〈夏日〉（暫譯），Library of Congress, www.loc. gov./programs/poetry-and-literature/poet-laureate/poet-laureate-projects/ poetry-180/all-poems/item/poetry-180-133/the-summer-day

馬上行動：第四部分

1 羅伯特・A・埃蒙斯，〈感恩的好處〉（暫譯），Greater Good，2010年11月16日，https://greatergood.berkeley.edu/article/item/why_gratitude_ is_good

你接下來的三個步驟

一、獲取我們免費的《簡單金錢,富足生活》電子報。

　　加入超過10萬名訂閱者的行列,定期獲得我最佳的小技巧、靈感、鼓勵和靈修,幫助你繼續追求真正的財務自由之旅。立即前往 seedtime.com/newsletter 訂閱。

二、獲取我們的免費 SeedTime Money 的 Podcast。

　　加入我們夫妻二人,我們將分享真實案例研究、鼓勵和最好的秘訣和小技巧,幫助您發掘收入、儲蓄和付出的潛力。立即在 seedtime.com/smp 開始收聽。

三、報名參加我們的課程

　　使用我們的進階培訓課程,可以更快地獲得豐碩的成果。

現實金錢處理法

　　這種重新設計的預算方法將「單一類別預算」(第七章)提升到了更高的程度。它非常快速,您甚至可以在廣告還沒播完就完成了,而且非常容易讓您的配偶也參與其中,就算您一直以來都很難堅持預算,這種方法也能奏效。它是迄今為止我們最受歡迎的課程,原因很明顯——它確實有效。

10倍投資

　　這門課程詳細介紹了被動收入增長策略，只需每年大約一小時時間做調整。這是一門針對初學者到中等理財程度的課程，旨在幫助你投資你的第一筆一百美元，或者任意金額！你將學習聰明地投資、降低風險，並開始讓你的資金為你工作。

　　請到 seedtime.com/courses 上面，了解更多關於細節和我們其他課程資訊。

財務自由21天改造計畫/鮑勃.羅帝齊作 ; 牛世竣譯. -- 初版. --
臺北市　　：　春天出版國際文化有限公司,　　2023.09
　面　 ; 　　　公分. 　-- 　(Progress 　; 　27)
譯自：Simple money, Rich life : Achieve True Financial
Freedom and Design a Life of Eternal Impact
ISBN　　　　　　　　　　978-957-741-722-0(平裝)
1.CST: 　個人理財　　2.CST: 　財富　3.CST: 　生活指導

563　　　　　　　　　　　　　　　　　112011354

財務自由21天改造計畫

Simple Money, Rich Life: Achieve True Financial Freedom and Design a Life of Eternal Impact

Progress 27

作　　　者◎鮑勃·羅帝齊	總　經　銷◎楨德圖書事業有限公司
譯　　　者◎牛世竣	地　　　址◎新北市新店區中興路2段196號8樓
總　編　輯◎莊宜勳	電　　　話◎02-8919-3186
主　　　編◎鍾靈	傳　　　真◎02-8914-5524
出　版　者◎春天出版國際文化有限公司	香港總代理◎一代匯集
地　　　址◎台北市大安區忠孝東路4段303號4樓之1	地　　　址◎九龍旺角塘尾道64號 龍駒企業大廈10 B&D室
電　　　話◎02-7733-4070	電　　　話◎852-2783-8102
傳　　　真◎02-7733-4069	傳　　　真◎852-2396-0050
E－m a i l◎frank.spring@msa.hinet.net	
網　　　址◎http://www.bookspring.com.tw	
部　落　格◎http://blog.pixnet.net/bookspring	
郵政帳號◎19705538	
戶　　　名◎春天出版國際文化有限公司	版權所有·翻印必究
法律顧問◎蕭顯忠律師事務所	本書如有缺頁破損，敬請寄回更換，謝謝。
出版日期◎二〇二三年九月初版	ISBN 978-957-741-722-0
定　　　價◎380元	